CW01636195

TOTEM

Howard McCord est né en 1932, au Texas. Vétéran de la guerre de Corée, il est l'auteur de plusieurs recueils de poésie et de récits distingués par des prix prestigieux aux États-Unis. Il a également parcouru à pied de nombreux pays. Véritable ovni littéraire publié aux États-Unis en 1997, *L'Homme qui marchait sur la Lune* est son unique roman. Howard McCord vit à Bowling Green, dans l'Ohio.

L'HOMME QUI MARCHAIT SUR LA LUNE

Entre naturalisme et polar, *L'Homme qui marchait sur la Lune*, livre culte de l'Américain Howard McCord, est enfin traduit en français. Une rencontre très réussie entre le nature writing et le polar conspiratif. Howard McCord réussit un tour de force : ouvrir une voie entre Thoreau et Tarantino.

L'Express

L'Homme qui marchait sur la Lune est un brûlot, un roman à part, qui réussit une foudroyante alchimie et fait de l'abjecte folie des hommes du grand art.

Télérama

On ne gravit pas impunément la Lune. On n'ouvre pas moins impunément ce livre. Randonneurs et lecteurs, prenez garde !

Le Nouvel Observateur

C'est une course-poursuite, un roman d'action d'un nouveau genre. La chasse qui s'ouvre alors est haletante et tenace. Elle vous attrape pour ne plus vous lâcher.

Elle

Ce livre est un ovni littéraire absolu et fascinant. Honnêtement, je crois n'avoir jamais rien lu de tel. J'ai adoré d'entrée et j'ai foncé comme dans un rêve jusqu'à la fin sidérante de ce court et merveilleux roman.

RTL

Howard McCord

L'HOMME QUI MARCHAIT SUR LA LUNE

Roman

Traduit de l'américain
par Jacques Mailhos

TOTEM

TOTEM n°10

Titre original : THE MAN WHO WALKED TO THE MOON

ISBN 978-2-35178-626-0
ISSN 2105-4681

Illustration de couverture © Emiliano Ponzi
Conception graphique de la couverture : Valérie Renaud

À Jennifer

Toutes ces flammes dans la nuit
Que le cœur résineux de l'homme a nourries.

W.B. YEATS

I

Je quittai Sterns à quatre heures du matin, en prenant la rivière asséchée vers le nord sous un dense amoncellement d'étoiles lointaines. Le lit de l'arroyo mêlait sable, gravier et galets de granit et de gneiss de la taille d'un poing, les berges sablonneuses d'une teinte plus sombre dans l'obscurité remontaient de chaque côté en coupant les étoiles. La première demi-heure, je me concentrai sur ma marche, mais trébuchai plusieurs fois sur des pierres éboulées grosses comme des melons en lente progression vers la ville. Mon sac me crée toujours une sensation étrange pendant la première heure, mais je peux, sans m'arrêter, procéder à de petits réglages des sangles dorsales et abdominales, presser mon dos contre la charge jusqu'à ce qu'il l'épouse parfaitement, et adapter mon équilibre à ma nouvelle géométrie sans y penser vraiment. Le ciel s'éclaircissait lentement et les contours des mesquites, ocotillos et yuccas commençaient à prendre des formes plus acérées. Devant moi, la silhouette brute de la Lune emplissait un quart du ciel.

Trois jours passèrent comme ça : marche de quatre heures du matin jusqu'à l'après-midi, parfois tard, dîner, sommeil, puis réveil et ainsi de suite, jusqu'à ce que la Lune emplît la moitié du ciel et que le chemin commençât à prendre de la pente. Je mange très peu et, à part une gorgée de cognac au coucher du soleil, je ne bois que du thé ou de l'eau. On n'a guère besoin d'abri à l'approche de la Lune, et mes bivouacs sont des plus sommaires. À partir du quatrième jour, l'eau cesse d'être un souci car il en perle des larmes çà et là sur les flancs de la Lune. Plus haut, le vent peut être votre ennemi.

Il n'est pas rare que des canyons qui semblent ouvrir grand le cœur de la montagne au marcheur lui opposent de la résistance une fois qu'il y a pénétré. Ils s'étrécissent, lancent sur son passage de gros rocs éboulés, dressent des cascades asséchées, parfois humides et moussues à l'ombre, et s'étouffent eux-mêmes sous d'impénétrables buissons. Mon canyon n'était pas un canyon rare, et il faisait toutes ces choses. Au bout d'une demi-journée, je choisis de le quitter et d'escalader le flanc est qui, bien que vierge de tout point d'eau, permet au marcheur d'avancer et éclaircit son esprit en lui ouvrant la vue.

La piste monta en pente forte pendant tout le reste de la journée, puis se calma au coucher du soleil. Je marchai encore un kilomètre et demi et arrivai à un escarpement de quinze mètres de haut où une petite pinède lançait sa musique dans les airs.

Mon nom est Gasper, William Gasper, et je ne fais rien pour gagner ma vie ; je vis, tout simplement. Ma famille n'a rien de particulier, et j'ai un passé parfaitement ordinaire. Je préfère la marche en solitaire à toutes les autres activités. Ce genre de vocation reflète sans aucun doute une forme d'inadéquation caractérielle. Cependant, n'ayant rien de vraiment valable à apporter à la société, mis à part un esprit glacé, je ne me vois pas autrement qu'en travailleur ou petit employé – en serviteur de l'armée (je le fus), par exemple. L'idée de chercher un moyen pour être plus à l'aise avec les autres, et les autres avec moi-même, n'a jamais eu une quelconque importance pour moi. Au fil des ans, j'ai marché dans de nombreux endroits, toujours heureux de mon choix. Au cours des cinq dernières années, j'ai fait l'ascension de la Lune à de nombreuses reprises, et je n'ai plus jamais ressenti le besoin de chercher de nouveaux territoires. La Lune me suffit.

J'ai jadis passé deux ans dans la région du mont Silverthrone et de Fang Peak. J'ai apprécié la pente majestueuse du glacier de Klinaklini, mais les hivers y sont rudes, et les broussailles pénibles à franchir, alors je suis descendu vers le sud jusqu'à la Lune, où le chemin est clair, à sa manière.

La nuit passa comme passent toutes mes nuits, avec pour seuls rêves des rêves du lieu où je me trouvais. C'est comme si je possédais un œil désincarné qui fonctionne de manière autonome lorsque je dors, qui étudie la terre qui m'entoure avec l'intensité du rêve et emplit ensuite mon esprit éveillé d'une connaissance du terrain plus grande que je ne l'imaginerais possible. Mes nuits sont presque toujours ainsi, et mon œil travaille, et je connais mon chemin à l'avance sans jamais me tromper.

Cette utile activité nocturne me permet de demeurer alerte, même si les seuls dangers qui me guettent lorsque je marche comme je le fais sont l'excès de confiance, la géologie, la météorologie, ainsi que ces objets qui déboulent parfois de mon passé de façon aussi imprévisible et aussi naturelle que des météorites zébrant la nuit. Plus d'une fois je me suis réveillé avant le premier signe annonciateur de tempête, et j'ai suivi la prescience de mon œil, et j'ai échappé à la pluie et au froid. Une prémonition de ce genre m'a un jour sauvé d'une chute de pierre. Tel est du moins le beau récit que je me fais, même si des âmes plus avisées affirmeraient à juste titre qu'il n'y a pas d'œil, mais seulement un cerveau qui étudie dans son sommeil, sans se cacher mais sans qu'on le remarque, tous les petits signes perçus au cours de la journée. Comme pour la plupart des explications, celle-ci n'est guère plus qu'un bavardage dans le silence, un pépiement de merle.

À l'aube, il faisait plus froid. Après mon thé, j'explorai l'escarpement et trouvai une voie d'ascension facile. Je ne consens aux escalades difficiles que lorsque je ne peux faire autrement, même si ce genre de gentille varappe de fin d'après-midi, après une journée de marche, m'est comme une petite musique ludique et relaxante. L'escarpement montait puis descendait comme un chevron sur la manche de la crête ; j'aurais pu le contourner en trois kilomètres, mais cela m'aurait fait perdre de l'altitude, et je n'aime pas ça. Au-delà, la crête prenait encore de la pente et était presque vierge de toute végétation. Les arbres ici poussent sur les versants nord et au fond des canyons, pas dans les endroits où l'excès de soleil aspire toute l'eau. Sur le flanc nord de la Lune s'étiraient des kilomètres de pins ponderosa, ainsi que des genévriers dans la zone basse, et des trembles plus haut. Sur le flanc sud, c'était de la broussaille et de la roche, surtout de la roche. Je préfère marcher sur de la bonne roche que sur l'herbe, même si, dans le Nord, la bonne toundra est douce comme du poil de chaton.

La Lune est la montagne de nulle part. Elle est délaissée par ceux qui y vivent à portée de vue, comme par ceux qui, à différents moments, peuvent être fascinés par son isolement et sa difficulté. Ce n'est pas une montagne pour alpiniste, et ce n'est pas non plus une montagne pour chasseur. Il y a quelques belles parois dans le canyon, et une demi-douzaine de rochers à pic qui valent presque le détour ; on peut y trouver du gibier. Mais ses charmes, comme ceux de certaines femmes, ne sont pas évidents et ne se dévoilent qu'à de rares marginaux.

Vous connaissez les montagnes du Nevada, ou les monts Steens, peut-être. Comme eux, la Lune se drape dans l'anonymat. Depuis la grande route la plus proche, ce n'est qu'une vague brume bleue, et il faut être rusé comme un renard pour s'en approcher davantage en voiture. À cheval ou à pied, elle est trop lointaine pour ce qu'elle semble avoir à offrir. C'est une montagne par-faite pour notre temps, en partie prise dans une autre dimension, aussi inintelligible que la plupart des bons romans, et aussi vite ennuyante pour qui étudie les cartes topographiques en quête d'excitation. C'est une montagne parfaite pour William Gasper.

Je suis William Gasper. Et s'il vous paraît étrange que je réitère déjà mes présentations, souvenez-vous que je suis aussi simple que les plats que je cuisine, que je n'ai pour ainsi dire pas d'amis, et que je me fonds, à force d'entraînement, dans n'importe quel environnement. Je suis un peu comme le niveau de la mer : une constante toujours en mouvement, jamais vraiment évidente à définir par l'observation. Je bouge même quand je dors, bien que mon nom me confère une unité. Je suis arrivé à Sterns il y a cinq ans et j'ai persuadé Mary-Gail Henry, la patronne du café, de me louer le container qui se trouve à une centaine de mètres derrière le café. Je n'ai aucune idée de ce qu'il contenait à l'origine, probablement du matériel d'exploitation minière, mais il abrite désormais ceux de mes effets personnels que je ne transporte pas sur mon dos, une vingtaine de magazines que je finirai par léguer aux flammes, et le petit bric-à-brac que même un individu attentif peut acquérir sans s'en rendre compte. Ayant depuis longtemps renoncé au romantisme pittoresque, je ne dors pas dans ce container, mais à côté de lui. Lorsqu'il fait vraiment mauvais je plante ma tente, mais le reste du temps cela me fatigue. J'ai un pot pour me laver, et je m'éloigne tous les matins d'environ cinq cents mètres dans le désert pour soulager mes entrailles. Ma vessie me pousse moins loin. Tout ceci, bien sûr, n'a lieu que lorsque je suis à résidence. Mais comme je vous l'ai dit, ma vocation, c'est la marche, et Sterns ne me voit guère plus d'une douzaine de jours par an.

Comment je me nourris ? Normalement. Ah, vous voulez savoir comment je me procure ce dont je me nourris. Je mange peu ; mon métabolisme est naturellement sobre et j'appartiens, comme vous, à une espèce omnivore. Mais mon goût n'a pas été socialement conditionné, comme je sais qu'il l'a été chez la plupart de mes contemporains. Lorsque je lis des choses sur les habitants du Danakil ou du Kalahari, je me sens parmi des compatriotes : les protéines et les glucides ont de nombreux visages.

J'envie aux herbivores leur capacité à digérer la cellulose, mais en être privé est un handicap négligeable, quand on y pense – ce que je fais sans aucun doute. Il m'est arrivé de regretter que le Seigneur, ou Qui-vous-voulez, m'ait donné des reins qui gaspillent tant de bonne eau, et de ne pas être capable, comme le rat kangourou ou certaines antilopes, de conserver ou même de métaboliser ce liquide. Mais je suis ce que je suis, et j'en suis reconnaissant. Je n'ai jamais été malade, ni désespéré, même si ce sont probablement des choses qui finiront par m'arriver. Je préférerai alors une vive tempête dans le corps et la clémence d'une terrible violence, comme j'en ai vu emporter tant d'hommes. Mais laissons cela. Je mange ce que je mange, et les petites différences entre mon régime et le vôtre n'ont pas grand sens. Mon sens à moi gît dans ma marche, dans mon calme, et dans la Lune.

À midi, j'avais parcouru environ huit kilomètres sur la crête, de plus en plus étroite et de plus en plus escarpée. Un faucon surveillant son territoire était passé en silence au-dessus de moi, et lorsque je tournai la tête pour regarder vers le bas de la montagne et le désert, Sterns avait disparu de ma vue, mais pas de celle du faucon. Il n'y avait là rien d'intéressant ni pour lui ni pour moi, et ma débilité ne valait pas que je me lamente sur elle. La crête n'avait rien de fascinant en dehors de la vue qu'elle offrait : beaucoup d'éboulis, fort heureusement davantage de roche massive, et des abîmes de plus en plus profonds de chaque côté. En bas, sur la gauche, se trouvait le canyon que j'avais quitté la veille. La crête était nouvelle. Je commençais à avoir soif, et j'allais devoir m'enfoncer dans la montagne pour chercher de l'eau, à moins que je ne tombe sur la vieille plaque de neige que mon œil avait vue accrochée au flanc d'une falaise orientée au nord, dans un petit canyon latéral. Un kilomètre et demi plus loin, je la trouvai tapie, cachée dans un repli du roc avec des sapins blancs noueux aux branches tortueusement façonnées pour épouser les lieux. Une anfractuosité de la roche entre les pins me parut constituer un bon endroit où nicher, et je décidai de rester là pour la nuit, même s'il était encore tôt. La neige lourde de glace fondait lentement, mais le thé sait parler la langue de la neige, et quelques feuilles qui infusent dans la chaleur suffisent à faire un chez-soi.

Je dors sur la Lune dans un simple sac de couchage. Le goutte-à-goutte qui tombe de la plaque de neige cesse dès que la nuit tombe, les vents se faufilent dans les buissons et font entendre leur plainte dans les arbres bas. La brillance n'est pas dans le vent, mais dans les étoiles. Et moi, William Gasper, je suis là et j'écoute.

Il y a un homme qui vit dans le container là-bas derrière, dit Mary-Gail Henry. Mais on ne le voit jamais. Il n'y est pas souvent ; en fait, je dis peut-être faux quand je dis qu'il vit là. C'est moi qui lui loue cet endroit. Douze dollars par mois, ou peut-être est-ce douze dollars par an. C'est pas un très bon container de toute façon, et il dort pas dedans, je crois. Il me paie tous les 17 juin, c'est le jour où il est arrivé, il y a cinq ou six ans. Je crois qu'il mange des sauterelles ou des fourmis. Peut-être les deux. Il n'achète pas à manger ici. Dans le temps, on mangeait les bêtes qu'on attrapait et qu'on dépeçait, mais lui il les mange toutes. Fourrure, poils, et carapace craquante des petites bestioles. On l'a pas vu depuis au moins un mois.

Mais il est pas, comment dire, ce qu'on pourrait appeler fou. Il est juste bizarre. Y a quelque chose de méchant dans son regard des fois, ou quelque chose de froid. Vaut mieux pas l'embêter.

La Lune se courbe vers le haut comme on s'y attendrait si on devait la gravir, mais différemment de l'impression qu'on s'en fait de loin. Son sommet n'est pas enneigé, par manque d'assurance ou excentricité du temps. En haut, presque tout au long de l'ascension, vous trouverez des plaques de neige çà et là, jamais très grandes. Un peu comme dans les Wallowas, si vous voulez. Mais tout en rondeur, sans trilles. Pas de longs fairways verts jusqu'au sommet : la Lune n'est pas alpine. Juste de la colline brute qui monte sans faiblir. Je n'y ai jamais trouvé de grotte digne de ce nom. Une année, je m'étais construit une hutte comme Wittgenstein, à deux vallées au sud du lieu où j'écris. Voûte de pierres sèches encorbellées, parfaite pour un moine irlandais, mais je n'ai aucune prière en moi. J'y suis resté environ quatre mois, et j'ai gravé la levée d'une unique étoile sur une ardoise, ses lignes déployées comme figurant le feu.

J'aime dormir sous la pierre. C'est un espace de chat, il y dormirait comme moi, calé, roulé en boule, protégé. Petit ne veut rien dire pour les choses. La fumée ne veut rien dire, la neige qui fond ne veut rien dire, ni la vigueur de la marche.

L'éperon sud de la Lune s'élève en tranchant la nuit, aussi acéré et net et sans appel que le vent. La Lune est devenue une montagne à nulle autre pareille. Calme comme j'aimerais l'être, comme je le suis. Ombre solidifiée, massive, réelle. Je dormis quelques heures d'un sommeil léger, laissant mon œil errer sur ses flancs, et me réveillai alors que les étoiles commençaient à pâlir. Mon œil m'informa en demi-souvenir, à sa manière habituelle, qu'une autre personne se trouvait quelque part sur la Lune, endormie, irradiant faiblement sa présence comme une lueur de bougie qui se noie. Je ne parvenais pas à la situer précisément. Quelque part sur la droite ou sur la gauche, pas plus haut, pensai-je, non, sans doute plus bas. Quel qu'il fût, le sens qui m'informait ne me livra pas plus de précisions. Un gitan endormi.

Je rencontre peu de gens volontairement, mais ils ne me paralysent pas et je ne les crains pas. Ils sont une distraction dans le paysage, une source d'irritation bénigne à éviter de manière générale, mais aussi de modeste excitation lorsqu'ils sont seuls ou peu nombreux. Je ne suis pas sans curiosité pour les membres de mon espèce, ni dénué d'un certain talent brut dans mes relations avec eux.

Je restais là, allongé dans l'obscurité grise, à méditer sur mes activités du jour. Il serait facile de continuer à gravir cette crête sans grand risque que l'autre me voie. Ou je pourrais passer une journée de plus ici avant de lever le camp, bien caché comme je l'étais, et attendre que dans son prochain périple nocturne mon œil localise plus précisément ce voyageur. Ou bien encore laisser mon bivouac en place et aller explorer quelques heures la crête et les canyons plus en bas, libre de mon sac, et découvrir quelle était la personne qui désirait marcher sur la Lune ce jour-là. Je fis infuser une tasse de thé sur un petit feu de brindilles de pin et me préparai un petit déjeuner avec l'eau chaude restante en y plongeant quatre abricots secs. Regardant les abricots gonfler lentement et le soleil s'accorder de nouveau avec le bleu du ciel, je tranchai. Je continuerais à gravir la crête un jour de plus en étant attentif au monde d'en bas, à l'affût du moindre mouvement, et dormirais cette nuit aussi librement que possible afin de permettre à mon œil de faire un long voyage. Si, au lever, je sentais encore la présence de l'autre, je partirais à sa recherche.

Le fait d'avoir pris une décision aussi raisonnable m'aiguillonna, et je regagnai bientôt la crête, où je m'arrêtai pour scruter les canyons avec ma longue-vue. Je ne vis aucun signe de mon compagnon.

À midi, des nuages d'orage traversèrent la crête et vinrent noircir les hauteurs de la Lune. Je leur fus reconnaissant pour leur obscurité, et aussi pour leur fraîcheur. La brève averse d'orage me fournit presque une pinte d'eau, récoltée sur une bâche de plastique. Le tonnerre aboyait et grondait alors que les nuages traversaient le ciel. Je lavai mon corps dans la fraîcheur de la pluie et frissonnai dans cette gloire. Lustrations pour la Lune, et augure.

Je trouvai un endroit plat et abrité sur le flanc est de la crête – qui s'étirait maintenant sur un axe nord-est/sud-ouest – et y établis mon campement en insérant mon duvet dans mon sac de bivouac, puis j'en roulai la capuche pour faire un oreiller. Après un petit dîner, je partis marcher le long de la crête jusqu'au coucher du soleil, observant la page de terrain en pente en quête d'un signe, mais seule une vague inquiétude intérieure m'indiquait la présence d'une autre personne que moi-même et les habitants habituels de la montagne. Il n'y avait aucune excitation dans ce sentiment, ni aucune appréhension. Restait de la curiosité et, oui, un peu d'irritation. Même si rien ne le justifiait, j'éprouvais un sentiment de propriété vis-à-vis de la Lune, et j'aurais volontiers exigé, en eussé-je eu le pouvoir, que l'on me demandât mon autorisation pour y vagabonder. Ces pensées ne me plaisaient pas, car je connais ma propre obsession pour la liberté et ne voyais pas en vertu de quoi je pouvais envisager de la dénier à quiconque n'entraverait pas la mienne. Une certaine dose de contradiction intime n'a rien d'anormal, car nous sommes tous tiraillés entre des facettes incompatibles du bien.

Ma vie intérieure est aride et parcimonieuse. Je suis, pour autant que je le sache, le dernier de ma race. Ma famille s'est éteinte et je gagnerai moi-même l'oubli le temps venu. Je n'ai de relation intime avec personne et je suis aussi seul et libre qu'il soit possible de l'être dans ce monde. Mary-Gail Henry prend mon loyer et me garde mon courrier ; de temps en temps, il nous arrive de converser ensemble, et je trouve cela parfaitement satisfaisant. J'ai jadis rendu service à un homme rencontré sur mon chemin. Ce n'était rien pour moi, mais d'une importance capitale pour lui, et il m'a ensuite témoigné sa gratitude en me versant une rente qui excède mes besoins. C'était un don généreux, et je ne suis pas orgueilleux au point de nier l'utilité qu'il a dans ma vie. Il me donne une possibilité de choix pour laquelle, sans lui, j'aurais sûrement dû me battre. Je mens, car mon gagne-pain c'était la mort. La mort pour rendre service. Pour rendre honnêtement service. Je ne mens pas.

Il est aussi oisif qu'un casoar, dit Mary-Gail Henry, mais je n'ai rien contre lui. Il se prétend plus ou moins propriétaire de la grande montagne, là-bas, et je ne connais personne qui la lui disputerait. Ils n'en veulent pas. Un crétin pourrait essayer d'y élever des chèvres, mais, si on est dans le bétail, on va pas aussi loin pour aussi peu d'herbe. Le Vieux Heber y est monté un jour, dans l'idée de louer un peu de terrain, mais il est revenu dégoûté, et le type de l'Aménagement du Territoire veut pas en entendre parler. Ça fait partie, comme ils disent, de notre patrimoine national et ça appartient au gouvernement, mais y a même pas un verre d'eau à presser de tout ça, et une vache crèverait avant d'arriver à mi-chemin. Et même si vous réussissiez. Imaginons que vous réussissiez à mener un troupeau là-haut, il vous faudrait le traîner sur cent trente kilomètres sans le moindre point d'eau pour arriver quelque part où un camion pourrait charger vos bêtes, et elles seraient sèches comme de la brindille sèche, et encore plus fines. Demandez voir à Higgins. Il essaie, lui. Non, y a rien dans ce coin que du foutu coin. Y a pas de minerai ou de pierres non plus, sans quoi y a belle lurette qu'on en aurait trouvé. Avant je pensais que M. Gasper était prospecteur, mais au vrai il saurait pas faire la différence entre de la galène et du feldspath, et le seul or qu'il ait jamais vu c'est en regardant sa bouche dans une glace. Savez pourquoi on l'appelle la Lune ? Parce que c'est mort tout comme elle. C'est à peu près aussi fertile que de la fumée de cigarette. Jetez un œil aux cartes. Elles mentent pas, hein ? Maintenant, s'il aime ce coin, pas de problème. Il dérange personne. Et si vous voulez aller baguenauder par là-bas, bah, allez-y, personne vous empêchera. Mais méfiez-vous, c'est plus loin que ça paraît, et deux fois plus vache. Et M. Gasper, il aime bien qu'on le laisse tranquille.

Mon nom est William Gasper, et j'ai cinquante ans, la moitié du siècle qu'il m'a été donné à vivre. Mon esprit travaille comme travaillent les étoiles par nuit froide et molle. Sous ma couchette dans le container, à Sterns, bien cadenassés dans une malle en métal, dorment mes outils de travail : des carabines, des pistolets, et un fusil de chasse. Ils sont racés, comme des chiens de garde silencieux, et faciles à l'usage. Ce sont des machines vives et efficaces, splendides à tenir, pleines de potentiel, compatissantes. Je les garde au sec, légèrement huilées, et les utilise chacune seulement trois ou quatre fois par an, car j'ai cessé de chasser le gibier sauvage. Pour cette expédition lunaire, j'ai pris un pistolet 9 mm au cas où l'envie me prendrait de manger de la viande.

Je suis gaucher, et je me souviens que mon instituteur insistait pour que mon cahier soit positionné sur la table exactement comme ceux de tous les autres, de manière à ce que je développe une main crochue et une écriture illisible. C'est à peu près à cette époque que j'ai laissé tomber l'école. Et c'est ainsi que la bibliothèque Andrew Carnegie de Soledad devint mon mentor : les bibliothécaires m'y laissaient lire les livres comme à mon habitude, tête-bêche. Après une douzaine de tests effectués face à face avec une bibliothécaire, où je lisais en même temps qu'elle le texte qu'elle avait sous les yeux, on cessa de m'importuner, et je devins même une sorte d'attraction : par les longs après-midi d'ennui, il arrivait qu'on m'appelât pour faire une démonstration de mon art, et un lecteur compréhensif se mettait à parler avec la bibliothécaire pendant que j'étais là. Je lisais de la science, de la technologie, de l'histoire, de l'archéologie, j'ai lu tous les volumes du *Rameau d'or*, et j'ai lu les mauvais philosophes. J'ai passé mes années de collège à lire Voltaire, Schopenhauer, et la bête noire de Dieu, Nietzsche, à louper les points importants et à pinailler sans fin sur les détails. Au lycée, j'étais encore plus mauvais, sauf en tir. J'ai gagné suffisamment de médailles dans cette discipline pour qu'on me fasse gracieusement sauter les classes de Petit Charabia et de Causerie Futile pour m'envoyer directement à l'école des Officiers de Réserve.

De là je suis passé, à ma manière de gaucher, dans le corps des marines. Où, encore une fois, le tir m'ouvrit les portes. Les marines admirent les tireurs d'élite, même quand ils font tache dans les défilés. En 1950, j'étais prêt à partir pour le championnat national de Camp Perry, et il était question que je participe aux prochains Jeux olympiques, mais au lieu de cela on m'envoya m'occuper des Coréens du Nord. Au lycée, il faut être capable, trente-neuf ou quarante fois sur quarante, de mettre sa balle dans un cercle de cinq millimètres de diamètre à une distance de quinze mètres. C'est ainsi que j'aiguisai ma vie par petites marges, en visant les quatre cents sur quatre cents. Depuis quatre positions différentes. Ce n'était pas une mauvaise manière d'apprendre la maîtrise de soi. Les marines m'ont aussi appris à sauter d'un avion, à étrangler un homme avec un fil de fer, et à ne détourner les yeux d'aucun spectacle.

L'inconnu progressait dans la montagne pendant la nuit. C'était dangereux, ou téméraire, une chose qu'à mon sens on ne ferait que si on y était forcé. Ça serait pénible, et ça m'excita. Tel fut en tous cas ce que mon œil me rapporta à mon réveil. Je pouvais tout juste sentir ce corps, entendre les inspirations et expirations de ses poumons, ressentir les battements de son cœur. Il n'y avait pas eu de lune, la marche s'était donc faite à la lumière des étoiles, sur de la roche chaotique.

J'admire les marcheurs en montagne comme j'admire les coureurs : le choix auguste du tempo, ce mélange d'efficacité kinésique, de tonalité musculaire, d'amplitude et de désir.

Il existe en Islande une superbe course autour du Hofsjökull, un beau glacier de montagne situé juste à l'ouest d'une ville abandonnée. Le parcours fait cent cinquante kilomètres, et n'importe quel temps en dessous de cinquante heures est un temps honorable, étant donné tous les torrents glaciaux qu'il faut franchir et le mauvais terrain dans le Kerlingarfjöll. C'est un type de course que l'on ne peut faire que contre soi-même. Le marcheur a un gros avantage : il transporte son matériel. Sa nourriture et sa chaleur pour le repos. Un coureur court quasiment nu. Lorsque j'ai fait le Hofsjökull, j'ai bu de l'eau dans le creux de mes mains, et j'avais pour nourriture un sachet de trois cent cinquante grammes de noix du Brésil, abricots secs, graines de sésame et raisins secs finement hachés, que je transportais dans un petit sac accroché à la taille, à côté de deux paires de chaussettes de rechange.

Cette marcheuse – c'était une femme – avait suivi sa piste à la lumière des étoiles et maintenant, l'aube venue, je la sentais dormir, protégée par une falaise en surplomb. Je ne sais trop que penser des gens qui marchent de nuit. J'admire leur art, mais la méfiance, la suspicion, le doute qui entourent leurs motivations se dressent comme un écran de fumée devant leur visage, et je ne parviens pas à discerner leurs traits clairement. Pourquoi me suivrait-on ? Pourquoi même saurait-on que j'existe pour me suivre ? Et pourquoi une femme ? Car j'avais alors remarqué que chaque signe caché de sa présence s'était écrit au féminin. Le pronom qui venait était le pronom "elle", comme si le vent eût porté des traces de son musc féminin jusqu'à moi. Je pensai à ma main se faufilant dans son humidité, je pensai au doux picotement de ses poils dans ma paume, je pensai au coussin de sa motte. Cela faisait maintenant longtemps que je n'avais pas été avec une femme, et je n'avais que rarement pensé à la chose. Je sentis un petit sourire étirer les muscles de ma joue, sous mes favoris. Peut-être que lorsque nous nous rencontrerons, nous baiserons sur le sommet en grognant comme le vent fou.

Oui, William Gasper est barbu, depuis dix ans. Nul besoin d'aucun vœu pour être ainsi fidèle ; une simple aversion pour le rasage suffit, comme toute fidélité peut n'être que l'envers d'un dégoût. Non que je trouve le scepticisme particulièrement attirant ; c'est une croyance qui manque terriblement de dignité. Moi aussi j'aimerais autant prier avec Kit Smart qu'avec n'importe qui, mais seulement parce que sa folie m'émeut et que c'était un grand poète. Je hurlerais à la lune avec lui s'il me le demandait.

L'aube était maintenant pleine et je me secouai pour mettre de l'eau à chauffer pour mon thé. Je laissai le thé infuser dans la tasse pendant que je mélangeais le reste de l'eau avec du gruau de soja et quelques grains de raisin sec.

La poudre de soja est une bénédiction, même si elle donne des gaz. Elle est légère à transporter et extrêmement nourrissante. C'est ma base de protéine, à laquelle j'adjoins avec reconnaissance toute délicatesse sautante, rampante ou courante sur laquelle je peux mettre la main. Ce matin, j'ai eu envie de grouse. Elles sont communes à cette altitude, et pathétiquement désireuses de se faire bouffer. Ou peut-être une marmotte au dîner. La grouse, je pourrais l'avoir avec une pierre, mais la rusée marmotte, il faudrait que je la traque et que j'utilise mon pistolet. Peut-être pour le dîner. Peut-être.

Mais le dîner était à l'autre bout du jour, et ce n'était pas le moment de s'y intéresser. Je sirotai quelques gorgées de thé, fis grincer le tanin entre mes dents et pensai à la résine. Le sac crache un petit nuage blanc quand on s'en saisit, et je pouvais approcher la barre fixe, la saisir, la caler à hauteur de mes reins, dédoubler le poids de mon corps et faire une pause avant le coup sec, ou je pouvais lever les bras, attraper la barre d'un bond, me balancer, lever les jambes, les lancer entre mes bras et me rétablir sur la barre. Je crois que j'ai plus de souvenirs kinesthésiques que de souvenirs visuels, mais ils sont rarement présents dans mes rêves. Je me demande à quoi rêve un danseur ? Aux structures du mouvement, à la poussière de résine sous les pieds, aux claques de la plante contre le sol, aux voltes, aux portés, à la sueur ? Je tenais ma tasse contre mes lèvres tandis que mon esprit vagabondait parmi des choses résineuses, qui s'exhalaient doucement, et je regardais le torrent filer vers le lointain désert. Je voyais Sterns à cent cinquante kilomètres de là, ou son lieu, le lieu où je savais que Sterns se trouvait. Quelque part au-dessous de moi, la femme bougea dans son sommeil et plaça son bras devant son visage pour se protéger de la lumière. Elle dormirait jusqu'à midi au moins.

Les raisins s'étaient maintenant amollis dans mon gruau, et je contemplai leurs corps flaccides avec ma langue pour finir mon petit déjeuner. Il y a longtemps, il m'arrivait d'emporter des textes avec moi dans mes marches, un poète ou un autre, des fragments d'un philosophe, du blabla, des choses comme ça. Mais cela ne m'intéresse plus. La langue qui lèche la moustache après une gorgée de thé contient plus de sagesse qu'un distique d'Héraclite. Il fut un temps où j'étais ensorcelé par la férocité d'Edward Dahlberg, au point que j'écrivis même le début d'une autobiographie spirituelle que j'intitulai *La Vision de Rumpelstiltskin*. Mais j'ai fini par vendre ses livres, comme j'ai vendu tous mes livres, et je le trouve aussi poignant et riche de sens que la pellicule de tanin sur mes dents après le thé, mais pas plus. La mémoire est aussi utile que le texte, et aussi traître, même s'il est plus difficile d'y échapper ou de la vendre. Je m'arrange avec la mienne en ayant peu d'exigences à son égard et en m'abstenant de la corriger. Je prends ce qu'elle me présente. Qui pourrait dire qu'elle se trompe, de toute façon ? Mes jours se passent dans le jeu avec le présent et c'est mon vrai bonheur. Le moment ressenti et la réaction immédiate du corps, bâillement ou bond. Il fallut sans nul doute des années d'apprentissage des leçons du passé, un usage actif de la mémoire et des textes pour créer la capacité de réaction raisonnable, mais une fois acquise elle ne s'oublie pas aussi facilement que n'importe quel enseignement. Le processus d'apprentissage est sans importance une fois l'apprentissage fini. Lorsqu'on parle une langue étrangère, il ne rime pas à grand-chose de s'attarder sur tel ou tel détail que votre mémoire vous renvoie de vos cours, le sourire tordu du professeur, ou les jolies jambes de Lenore Walter, de l'autre côté de la travée. Parle et ne t'occupe pas du reste. (Et pourtant ma mémoire est aussi précise qu'une base de données.)

Je me glissai hors de mon duvet et la froidure matinale me donna la chair de poule le temps que j'enfile mon pantalon. Je m'assis, laçai mes chaussures, me levai, puis bourrai le duvet dans son sac, pliai le sac de bivouac et arrangeai mon paquetage. J'accrochai la gamelle à gruau à ma ceinture pour la laver au prochain point d'eau, environ un kilomètre et demi plus haut sur la crête, à gauche derrière un rocher. Le jour était pur et les fleurs de printemps, ici sur la crête, fouettaient l'air en tous sens comme si un marionnettiste les eût animées en tirant sur des fils invisibles. Je remuai les doigts de pied pour ajuster mes chaussettes dans mes chaussures, balançai mon sac sur mon dos et commençai une nouvelle journée de marche sur la Lune.

Je ne puis en aucun cas être tenue pour responsable, dit Gail Henry, de la présence ou de l'absence de quiconque, y compris moi-même. M. Gasper est un homme de moyens, même s'ils sont plutôt modestes. D'où il les tire je n'en sais rien. Mais des moyens, il en a. Il se mêle pas des affaires des autres et je vois pas pourquoi on se mêlerait des siennes. Je crois d'ailleurs pas qu'il laisserait faire. Vous savez, les Hispaniques appellent leurs célibataires solteros, *"solitaires", et je pense que ce mot le décrit plutôt bien. C'est la créature la plus solitaire que j'aie jamais rencontrée, et croyez-moi, dans le coin, j'en ai vu des bizarres. J'ai connu un type qui trayait les serpents, j'en ai connu un autre qui racontait qu'il avait tué peut-être six personnes, ici ou là, et qu'elles l'avaient toutes mérité, d'après lui, et pourquoi pas ? La plupart des gens ont dans leur vie bien six personnes dans ce cas. Et un autre qui tremblait juste beaucoup, qu'ouvrait presque jamais la bouche mais qui tremblait juste beaucoup et qui refusait de dire pourquoi. Eh ben dans ce lot, M. Gasper mérite une auréole de sainteté dans le raisonnable. P'têt bien que dans un autre lot il la mériterait pas. Il part, il revient. Il part, surtout. Et comme je vous ai dit, il s'en va là-bas quelque part et c'est ses affaires, pas les miennes ni les vôtres. Bon, il ferme son container avec un cadenas, je viens d'aller y voir, il est fermé. Traînez pas dans le coin, vous êtes sur ma propriété, et j'ai noté votre numéro d'immatriculation, au cas où. Alors repartons d'un bon pied, ne nous importunons pas l'un l'autre, arrêtons de parler de M. Gasper et buvons un café ensemble, pourquoi pas ? Vous êtes plutôt poli, mais faut reconnaître que vous avez un peu tiré sur la ficelle. Et moi, on tire pas sur mes ficelles. Laissez-lui un mot. Je ferai en sorte qu'il le trouve à son retour. Quand il rentrera.*

J'ai sûrement le crâne creux, mais je ne suis pas sujet au vertige. Rien de vraiment important ne me passe et ne m'est jamais passé par la tête. S'il est de profondes pensées dans l'univers, elles ne me sont pas venues. Je me concentre sur la tâche du moment et en ce moment ma tâche était de marcher sur une montagne jusqu'à un point d'eau, d'y laver ma gamelle à gruau et d'y remplir mon ventre et ma gourde. Le suintement, car il s'agissait plus d'un suintement que d'une source, était formé par des écoulements canalisés jusque dans une fissure, une grande entaille de falaises en V. Ces falaises étaient orientées au sud et recevaient ainsi la chaleur du soleil. Il y avait là toujours un peu plus de verdure qu'alentour et c'était un endroit où j'avais souvent bivouaqué. J'avais creusé une petite cuvette dans le sol, qui retenait de manière à peu près constante un ou deux litres d'eau. La dernière fois, il y a environ deux mois, encore pendant la saison froide, j'y ai trouvé des déjections d'ours, laissées par un animal sauvage et matinal, et l'eau était prise dans la glace.

La crête était abrupte, mais je la suivis sans dévier. Sur une ascension difficile, je ne m'autorise la facilité des trajectoires sinueuses que lorsque la fatigue ou la curiosité m'y obligent. Mon inclination naturelle me pousse à prendre la pente de front. Sous l'effet conjugué de l'exercice et du soleil, mon visage commençait à s'échauffer. Je me mis à fredonner. Fredonner est un signe d'authentique asocialité, car aucun autre son n'est à la fois plus apaisant et plaisant pour la personne qui le produit et plus irritant pour celles qui l'entendent. Je fredonnai jusqu'à ce que j'eusse atteint le pied de la falaise où se trouvait la source, et tournai pour la rejoindre. Lorsqu'on s'approche d'un point d'eau, où que l'on se trouve, il faut faire silence, parce que l'eau attire de nombreuses choses. Je progressai avec prudence et attention, car il y avait des signes à la source : la trace de quelqu'un qui y avait dormi la veille, des empreintes de chaussures à peine séchées de la rosée du matin.

Je me rapprochai de la falaise et examinai lentement la crête et les à-pics en quête de mon nouveau compagnon. Je ne vis rien et au bout d'un moment je concentrai de nouveau mon regard sur le site du bivouac. Il y avait clairement l'empreinte d'un corps dans un sac de couchage et, là, sur la droite, près de la tête, une empreinte plus profonde, à l'endroit où mon ami gaucher s'était appuyé sur le coude droit pour faire bouillir de l'eau sur son réchaud. Les empreintes de chaussures étaient à peu près de ma pointure, du 45. Elles semblaient se diriger vers la droite, le long de la falaise, mais le terrain était trop difficile pour que je puisse les suivre. Je ne doutais guère que je rencontrerais ce voyageur au cours de la journée.

Je regagnai le haut de la crête, abreuvé et curieux. Alors que je grimpais, mon esprit joua avec ces traces de présence. Mon œil ne m'avait rien dit au sujet de ce voyageur progressant plus haut que moi sur la Lune. Il ne m'avait informé que de la femme d'en bas, toujours non détectée par mes sens plus conventionnels. Mon œil, mes sensations, ne m'avaient rien dit. J'étais incapable de déceler la moindre trace d'appréhension, le moindre tiraillement de suspicion. Quiconque avait dormi si proche de moi la nuit précédente était sans danger. Tout au moins était-ce ce que mes sensations me disaient. Mon esprit remet toujours en question mes sensations. La femme d'en bas pourrait n'être que le produit de mon imagination. Mais un être en chair et en os avait dormi au point d'eau la veille. Quelqu'un de tranquille et de discret.

Le vent qui soufflait dans mon dos forcit, porteur d'une odeur annonciatrice de pluie. À l'ouest, un cumulus de début d'été se formait et s'assombrissait. Je sus que j'aurais bientôt des éclairs à admirer. Car il n'est dans la nature aucun spectacle plus majestueux, à l'exception de l'aurore boréale.

Il y a de nombreuses années de cela, près de Ruidiso, au Nouveau-Mexique, ma mère fut témoin de l'apparition d'un globe de feu, et depuis lors un de mes souhaits les plus chers est d'en voir un moi aussi. C'était l'été, l'après-midi, un orage fouettait les pics, la pluie tombait violemment, puis, en face d'elle, à une centaine de pas, un éclair frappa un pin. À la seconde où l'éclair toucha l'arbre, il se transforma en un globe d'environ soixante centimètres de diamètre qui se mit à rouler lentement vers le bas, le long du tronc, en paraissant tourner sur lui-même dans sa descente. Il roula ainsi jusqu'au pied du pin, s'arrêta un instant sur le sol, puis commença à rouler vers elle. Il roula ainsi sur environ cinquante mètres et disparut.

L'oncle de ma mère, qui vivait à quelque quatre-vingts kilomètres vers le sud-est, m'a raconté une autre histoire. Cela se passe à la fin des années trente. Un orage d'été, un éclair, puis un globe de feu qui file dans les airs et entre par la fenêtre de la cuisine, traverse la pièce, passe par la porte, entre dans le salon, file droit vers l'âtre puis disparaît par le conduit de cheminée. Trois personnes l'ont vu. J'aimerais voir quelque chose comme ça et je courtise les orages pour qu'ils me donnent cette chance. J'ai vu des éclairs en nappes et j'ai vu la couronne d'éclairs le jour même où Gall et Graves l'ont observée puis décrite pour la science ; c'était un peu au nord d'Ann Arbor, j'étais là pour une course particulière. J'ignorais ce que c'était, jusqu'à ce que je lise l'article de ces deux auteurs dans *Nature*, l'année suivante, et que je fasse le lien. Je me rappelle le sommet du cumulonimbus couronné par un éclatant anneau de radiance pulsant vers le haut. Cela suscita en moi une profonde attirance pour les montagnes de l'ouest.

Loin des montagnes, je deviens bougon et mes rêves sont peuplés de sinistres images de prairie ou de suppurations d'architecture. Je ne peux pour ainsi dire plus dormir dans mon container et cela fait longtemps que j'ai abandonné l'usage de la tente lors de mes vagabondages, sauf en cas d'extrême rudesse météorologique. Je ne tolère pas facilement la présence d'une barrière entre moi et la courbe infinie de l'univers. Il m'est arrivé de dormir avec quelque bonheur dans des grottes, mais seulement pour de brèves périodes. Les grottes me semblent être de la même famille que mon sac de bivouac. Une vieille mémoire de troglodyte ou de troll s'accroche sans doute à mon sang, mais mes dieux sont fondamentalement ceux du ciel, aussi profondément oiseux qu'ils puissent être.

La pente de la crête faiblit un peu et je conservais mon rythme sans problème. Une longue section plus douce m'attendait ensuite. Le ciel d'occident continuait à bouillir et à noircir, mais les nuages étaient encore à des kilomètres et je n'attendais pas la pluie avant l'après-midi. Le vent sur la crête était fort et frais, mais le vent est toujours fort et frais sur la crête. Les falaises de la bordure ouest tombaient plus à pic et plus profondément sous moi, en se courbant vers le nord-est pour former la façade ouest d'un des plus beaux canyons de la Lune. L'endroit où je me trouvais culminait à trois mille huit cents mètres d'altitude. Le sommet de la Lune n'était qu'environ six cents mètres plus haut, mais il me fallait encore marcher sur de nombreux kilomètres pour le gagner. Pendant toute la matinée, où que mon esprit pût errer, mes yeux étaient restés attentifs à toute silhouette mouvante. Ils n'en virent aucune. Ne virent pas même les orbes nerveux d'un faucon dans le canyon en contrebas. Je décidai de ne pas m'inquiéter plus que de raison de la nature des affaires de mon frère, ou de sa localisation actuelle. Mais il serait sage de rester suffisamment en alerte pour ne pas me laisser surprendre.

C'est l'abricot de mon déjeuner qui me mit sur la voie. Un abricot de Californie, dodu et généreux, séché à la perfection. Je pensai à la Méditerranée, aux vergers, à la pierre blanche, très blanche, aux figues, aux palais de Mycènes, aux temps anciens, quand les femmes régnaient plus ouvertement. Il s'agissait de Cerridwen, bien sûr, et du chat Palug. Le chat qui lance des malédictions. Elle l'avait envoyé en éclaireur, elle au visage blanc, lui au visage noir, “chat svelte allongé sur une chaise de vieil argent”. Bastet en brodequins mais aussi grande qu'un bœuf de trait. Bah, la vieille truie pouvait bien me suivre tant qu'elle voulait et lancer ses chats n'importe où. J'ai déjà dormi, et bien dormi, dans des nids de serpents.

L'abricot était bon. Il m'en restait encore deux. Je mis ensuite mes idées au clair. J'avais trouvé un affleurement confortable sur la crête, qui formait une petite alcôve protégée autour de laquelle le vent tourbillonnait sans y pénétrer. Le soleil de midi était puissant, et je sentais sur mes joues le surcroît d'ultraviolets causé par l'altitude. À l'ouest, les nuages grossissaient et se chargeaient en énergie. Les plus gros culminaient probablement à quinze mille mètres. Il y a des années de cela, au-dessus du Pacifique, dans un C-54 transportant une cargaison de fous, j'ai traversé quelques-uns des plus somptueux nuages d'orage que j'aie jamais vus. C'était au coucher du soleil, peut-être à trois cents kilomètres à l'ouest de la côte californienne, après une longue journée de vol. Le pilote se faufilait entre eux comme un chat détalant dans un bosquet de bambous. À chaque virage, de nouvelles lumières, de nouvelles ombres, de nouvelles couleurs venaient transpercer le hublot. Des années plus tard, survolant la vallée du Gange pendant la mousson, je fus témoin d'un spectacle d'une beauté comparable avec l'Himalaya en toile de fond. Dans un DC-3, cette fois-là. De la Royal Nepal Airlines.

J'ai commencé à parler d'une époque de ma vie sous le stimulus de la mémoire météorologique, du souvenir des cieux de l'Inde du Sud, du blanc poussiéreux de la Grèce et du gris-noir lointain des pics enneigés du Népal. Des signes météorologiques qui ont éveillé une lumière intérieure tamisée par les crevasses de mon passé. Ces souvenirs sont nets et je suis en même temps hanté par l'idée que tout cela n'est que fabrication, que si on s'y attardait vraiment, presque toutes mes journées s'avéreraient spécieuses et moi-même aussi vide de passé qu'un roc. C'est aussi simple que cela : ce dont je me souviens peut n'avoir jamais eu lieu. Mon passé disparaît, et moi avec. Un homme sans famille et sans amis, un homme solitaire, un homme qui en rencontre rarement d'autres, peut en venir à douter de sa propre existence, quoi que ce mot veuille dire. Ne sommes-nous pas largement définis par nos relations avec les autres, confirmés dans la vie par le témoignage des autres ? Si Mary-Gail Henry, par exemple, ne me voyait pas pendant des mois, pendant des années, ne pourrais-je effectivement cesser d'exister ? Je serais un souvenir, et la mémoire est un piège. Et qu'aurais-je à dire dans cette affaire si je ne parle à personne ? Il serait facile d'en venir à penser que je n'ai jamais existé, et que quelle qu'ait été la cause de cette distorsion du champ de conscience, ce n'était rien de plus qu'une sorte de diable de poussière, un tourbillon de vent, désormais perdu, parti. Alors si c'était Cerridwen et le chat Palug, prêts à me renvoyer dans le passé en me tirant par la gorge, ce serait une donnée guère plus importante que le geste que je fais en mettant mon manteau. Ou le mouvement d'un saule qui se courbe vers le soleil dans une rafale de vent. J'appréciais cette rêverie sur la nature diaphane de mon être, ma fragilité absolue, la vie et l'œuvre d'un atome de poussière. Mon sac à dos s'était fait plus léger, et mon fredonnement sublime. J'arrivai à un endroit où la crête s'étrécissait brutalement, les falaises s'ouvraient juste à mes pieds. Le soleil de midi tombait jusqu'au fond des canyons, six cents mètres plus bas. Je sortis ma longue-vue et scrutai une zone où je connaissais une petite source active toute l'année. Je vis une silhouette humaine appuyée contre un rocher à quelques pas de la source, un sac à dos léger à terre, et un fusil posé debout contre le rocher, juste à droite de la silhouette.

Le fusil me donna du courage, car il changeait la donne. Un homme avec un fusil aime les grands espaces, deux cents mètres, la position du tireur couché ; il abhorre les taillis, les lieux exigus et la nuit. La plupart des ruses de stratège peuvent être efficaces contre un homme armé d'un fusil, moins le sont contre un pistolero, et aucune ne l'est contre un pauvre diable armé d'un couteau. Un tireur au fusil imagine un certain type d'embuscades, une certaine posture défensive, et il tracera sa route en fonction de cela. Un tireur au fusil ne peut courir efficacement sur une distance même moyennement longue. Ses atouts sont un champ de vision plus long, et donc une vue plus stable et plus nette du tableau, une portée plus longue, et souvent une puissance supérieure. Mais il ne peut les utiliser que si son adversaire l'autorise à le faire. Il lui est difficile d'être vif.

Je me cachai en position plus confortable et étudiai la silhouette. Une longue-vue 8.24 et des yeux de cinquante ans d'âge ne valent pas un aigle, mais je vis ce que je pus. Le fusil semblait équipé d'une lunette de visée, mais je n'en étais pas certain à cause des ombres. La silhouette était assise et vêtue d'habits trop volumineux pour que je pusse dire s'il s'agissait d'un homme ou d'une femme. Je décidai qu'il s'agissait du Palug, parti en éclaireur pour Cerridwen. La silhouette déjeunait, détendue, alors je sortis quelques raisins secs et attendis. Parka marron, pantalon vert sombre, montre équipée d'un cache, et très silencieux. Au bout de quelques minutes, la silhouette se releva. Je vis le blanc d'un visage scruter lentement la crête derrière moi, puis étudier la ligne de falaise en bas. Puis, avec une détermination que je ne pouvais qu'approuver, la silhouette jeta son sac sur son dos, prit son fusil et le porta posé contre son épaule droite. Il était bien équipé d'une lunette. Et il ne faisait aucun doute que c'était la personne qui avait dormi à la source, un utilisateur de fusil gaucher connaissant suffisamment le terrain pour trouver deux points d'eau en une demi-journée mais agissant à l'encontre de la droite raison. Je ne voyais pas l'avantage qu'il y avait à se déplacer de la source de la crête au canyon. Cela avait nécessité une descente de trois cents mètres, et si la silhouette allait ensuite suivre le canyon, comme elle y était obligée à moins d'être experte en escalade (et même pour une telle personne ce serait impossible avec un fusil), ça la ramènerait sur la crête, après s'être causé plus d'ennuis et de fatigue que si elle l'eût simplement suivie. J'avais marché dans ce canyon une ou deux fois. La progression y est de plus en plus difficile à mesure qu'il se resserre jusqu'au point où les falaises se rejoignent. Peut-être la silhouette pensait-elle escalader l'autre crête, celle d'en face. Mais pourquoi changer de crête en plein milieu d'une montagne ? Certes, c'est une chose qu'il m'était arrivé de faire par le passé, mais je ne suis pas toujours raisonnable en montagne, car je vagabonde, je vagabonde. La silhouette en bas progressait d'un pas lourd mais décidé dans le canyon, sans quitter le lit du cours d'eau, se mouvant avec agilité sur les gros rochers lisses. C'était un bon pas, signe d'un vrai savoir. Je restai sous la ligne d'horizon et continuai à monter par la crête, en jetant de temps à autre un coup d'œil à la silhouette d'en bas. Au bout d'environ trois kilomètres, le canyon s'étrécit de manière spectaculaire et la silhouette se trouva face à un choix : à droite, impossible ; tout droit, difficile ; à gauche, dernière chance. La crête qui partait vers l'est exigeait une ascension pénible sur des pentes d'éboulis et quelques affleurements de falaise. La voie vers le bout du canyon était abrupte et chaotique et menait à une section particulièrement ardue à escalader pour une personne transportant un sac et un fusil. Calibre 5.4, je dirais. Les falaises qui tombaient à mes pieds étaient réservées aux grimpeurs expérimentés et n'offraient qu'une voie d'accès difficile au Gunnison. Il se trouvait devant, ou à l'est. La silhouette s'arrêta, mais seulement un instant, puis elle reprit son ascension de la pente d'éboulis vers l'est.

Ma famille, comme je l'ai déjà dit, n'a rien de particulier. Nous avons toujours fourni à l'Amérique notre quota de soldats. Aucun officier parmi eux. Et nous avons vécu ici suffisamment longtemps pour qu'il y ait toujours des parents dans chaque camp de chaque guerre où nous ayons jamais combattu. Des Révolutionnaires et des Loyalistes, des Nordistes et des Sudistes, ainsi, pour autant que je sache, qu'un salaud de fasciste dans le camp plus récent des Allemands. Des Celtes pour l'essentiel, des Saxons pour le reste, ou alors Teutons de lignée tardive. Il est plus facile de nourrir des illusions au sujet des Celtes, malgré l'évidence. Nous avons une tête de cochon, un benêt et des gueulards. Je ne sais rien sur eux, si ce n'est qu'ils sont venus dans ce pays exilés et défaits et qu'ils y ont au moins trouvé quelque chose qui les tienne occupés. Ceux de la branche patronymique partirent pour New York et y restèrent, à l'exception de quelques sauvageons, et les autres s'égaillèrent en traversant les Blue Mountains pour gagner le Missouri, puis le Texas, le Nouveau-Mexique et d'autres coins de l'Ouest. Je suis un Texan, né au Texas d'une souche établie sur place à l'époque de la République. Des Comanches scalpèrent mon arrière-arrière-grand-mère et sa fille le 5 décembre 1864, ce qui rendit son mari fou. Je suis son fils à un certain degré et je partage sa folie. J'aime tuer les coupables et c'est une chose en laquelle j'excelle.

Le chat Palug s'était heurté à une section d'éboulis et poursuivait son ascension n'importe comment. Comme un crapaud dans un puits. Il n'y a rien de plus énervant qu'une pente d'éboulis. Vous peinez trois fois plus pour gagner trois fois moins. Mais c'était un chat obstiné. Je le regardai suer presque une heure pour progresser de trois cents mètres. Les nuages bouillonnaient maintenant sur nos talons et les premiers éclairs commençaient à frapper la crête.

Le vent et la pluie se mirent à me fouetter le dos, alors j'enfilai ma capuche, resserrai ses ouvertures (comme dirait Ed Sanders) et partis en quête d'un endroit où laisser passer l'orage. L'ozone et les ions négatifs sont aussi bons, presque aussi bons, que le bourbon, tout au moins à cette altitude, et je me sentais un peu fou. Je vous expliquerais volontiers la procédure à adopter pour éviter de vous faire frapper par la foudre lorsque vous vous trouvez sur une crête exposée, mais je ne vois pas pourquoi vous ne l'apprendriez pas vous-même comme moi je l'ai apprise. Si vous vous faites pincer par le long doigt électrique de Dieu, ce ne sera pas ma faute. De toute façon, vous êtes un gros cul d'intello sans arme à feu à portée de main et bien incapable de courir plus de cinq kilomètres sans qu'on vous dispense les derniers sacrements. Vous, pet de crâne, êtes un lecteur, et la seule chose que je méprise plus qu'un lecteur est un auteur, qui ferait mieux de se présenter clairement comme un onaniste public et qu'on en finisse. Mais je raconte mon histoire, vous écoutez, nous sommes donc liés par un pacte, à défaut de respect. Je suis un auteur, vous êtes un lecteur, et s'il y avait un Dieu, il s'amuserait peut-être à avoir pitié de nos âmes. Ou à leur pisser dessus. En longs jets électriques.

J'ai jadis possédé un Sharps .45-70 avec lequel j'ai tué un gros ours. Il fait un bruit d'artillerie sans être un Magnum, qui est une chose sophistiquée et impure. Le .45-70 émet un bruit profond, comme celui de l'âme d'un rocher qui s'en va, ou l'inspiration d'un brontosaure, un bruit pur, simple, roulant, comme celui de quelqu'un qui livrerait un poteau de téléphone sur votre porche, le bas d'abord. Profond et massif. Ainsi tonna le premier éclair.

Pendant un orage, l'air est chargé d'électricité statique et il peut alors se produire des choses plus étranges que tout ce que nous connaissons. Des couleurs peuvent jaillir qui n'existent nulle part ailleurs, et un éclair qui vous frappe le cerveau vous illumine sans nul doute autant qu'il vous annihile. C'était ce genre d'orage. Je ressentais les creux sous mes ongles comme autant de cavernes et le vent dans mes sourcils comme un raz-de-marée traversant les séquoias en grondant, en susurrant. C'était un orage apte à vous faire aisément perdre toute notion de perspective. À un moment, je dus m'agripper à la roche devant moi pour ne pas être projeté dans le canyon. Et après un éclair singulier, je restai assis quelques minutes, une éternité, engourdi et hébété, comme flottant dans quelque vaste bauge temporelle, roi égyptien – ou, mieux, son serviteur – résiné, goudronné et épicé pour des millions d'années. C'était comme d'aller voir un mauvais film quand on abomine l'idée même d'aller voir un film.

Le Sharps était un sacré gros fusil tonitruant et j'aimerais beaucoup en retrouver un. C'était une machette chez les fusils, un D-7 dans la brousse, une frappe aérienne. J'aimerais tirer sur les nuages, aussi stupide – et là, vous pouvez mettre l'adjectif que vous voulez, mais toute notion de frivolité vous égarerait loin de l'histoire – que ça puisse paraître. Deux cents mètres. Vous pouvez exploser ce que vous voulez jusqu'à deux cents mètres. Au-delà, optez pour autre chose. Mais jusqu'à deux cents mètres vous pouvez étendre et rappeler à ses péchés n'importe quel vagabond de ce continent. Même l'homme pur s'inventera des péchés si le pardon est en jeu.

Vous voyez, les armes à feu sont importantes parce qu'elles tuent les gens et les autres animaux. Elles font s'arrêter certaines machines. Et elles sont hautement sélectives. Elles frappent quiconque se trouve pris dans leur ligne de mire. Si je saisissais une tige en acier pour béton armé de trois centimètres de diamètre et d'un mètre de long et que je vous la fichais de toutes mes forces dans le torse, transperçant votre corps d'un seul coup, j'y ferais beaucoup moins de dégâts qu'une balle de .22 long rifle à pointe creuse tirée à dix ou à vingt-cinq pas. Vous seriez perforé, cloué, malade, et si j'avais touché quelque organe important, vous seriez mort. Mais sinon, vous auriez une bonne chance de vous en tirer. Vous en auriez moins avec la balle de .22. Encore moins avec la .38, moins avec la .45, moins avec la .44 Magnum. Et ensuite il faut commencer à penser au trauma que peut causer un projectile de fusil. Certaines balles à haute vélocité frappent votre cage thoracique et explosent presque. (Presque est un terme très exact ici.) Vous faites à peu près le même poids qu'un cerf à queue blanche ; vous pouvez vous faire une image des dégâts en vous mettant à la place de ces animaux. Toute balle de .22 et plus peut tuer d'un seul coup. Vous bénirez le chasseur qui vous touchera avec un peu plus de deux cent cinquante joules d'énergie et trois cents mètres par seconde de vélocité en sortie de bouche. Sans quoi vous seriez juste blessé et ne trépasseriez pas vite. Trépasser vite est une chose sur laquelle notre culture a peu à dire, s'adonnant comme elle le fait aux respirateurs et autres appareils du même genre. Si vous devez tuer de manière rationnelle, vous devez savoir comment procéder au mieux, vous devez savoir pourquoi, et vous devez savoir d'autres choses encore. Mais s'il s'agit de trépasser, la rapidité est souhaitable. Cela relève de l'éthique de la chasse.

Ceci ouvre un essai sur le meurtre. Et moi, qui pourrais bien avoir été le second tireur, l'homme posté sur le tertre herbeux, j'en serai le lecteur. Moi, dont l'existence n'est guère plus que soupçonnée.

Eh bien, dit Mary-Gail Henry, j'ignore ce qui a pu causer une telle attention, mais vous êtes la troisième personne en trois jours à venir m'embêter au sujet de ce pauvre M. Gasper. J'ai rabroué les autres plutôt vivement, et je vois pas pourquoi je ferais différemment avec vous. Il n'a rien fait, parce qu'il n'est pas dans un endroit où on puisse faire quoi que ce soit. Je veux dire, quel foutu genre de crime pouvez-vous bien commettre quand il n'y a que vous et une montagne ? Et je peux vous jurer cracher qu'il ne fait rien de vilain par ici. Bon sang, j'ai déjà un mal de chien rien qu'à lui faire boire un soda à l'orange en ma compagnie, un whisky n'en parlons pas, à la table de la cuisine. Et je parle de whisky du commerce, allez pas croire. On contrebande pas par ici. Ça a jamais marché. Trop facile d'aller se fournir au Nouveau-Mexique, même pendant la Prohibition, et cet État a jamais beaucoup donné là-dedans. On a des bordels légaux, vous savez. Et pourquoi vous iriez pas enquêter là-dessus, plutôt ? Je vais vous le dire : parce que vous vous arrêteriez au premier juge que vous croiseriez, et ces gens-là pleins aux as vous renverraient vous occuper des chiens errants à Tijuana avant que vous ayez le temps de cracher par terre. On rigole pas avec l'argent. Règle numéro 1 de tout pouvoir. Et comme vous en êtes un sbire, eh ben ça s'applique à vous tout pareil. Non, vous et les types du fisc vous venez mettre votre nez dans les affaires des petites gens, vous leur faites la vie dure, vous remplissez vos quotas, jusqu'à ce qu'un jour vienne l'heure de la corde et du gibet, et on verra alors si vous bandez encore pour ces culs de rat de Washington. N'agite pas tes doigts en l'air comme ça pour me faire taire, fiston, il est pas encore né le gars qui me fera taire. Bon, je suppose que vous avez une plaque ou une carte ou un truc du genre que je pourrais acheter moi-même chez n'importe quel prêteur sur gages de Las Vegas pour m'imprimer dans le crâne l'importance de votre présence ? Bon, montrez-la-moi que je voie si la photo vous ressemble. Ah ben merde alors, mon petit coursier du gouvernement, on dirait que votre jolie carte a glissé de mes doigts pour choir dans cette foutue casserole d'œufs qui bouillent et elle se ratatine, ça fait bien peine à voir. J'ai pas eu le temps d'identifier si c'était votre visage à vous ou pas, alors vous feriez mieux de rentrer à Washington vous en faire faire une autre et peut-être que la prochaine fois vous serez moins con ou je serai pas là ou ils vous enverront enquêter sur Billy Carter ou Truman Capote. Z'en ont besoin tous les deux, pas de doute. Et racontez bien chez vous comment une vieille dame a ratatiné votre plaque. Ha !

La pyrotechnie de l'orage changea bientôt d'allure et je remis la capuche de ma parka pour scruter les environs. Les éclairs s'en étaient allés ailleurs, la pluie battante s'était stabilisée en une averse continue. Puis, ça aussi, ça se calma, et des petites taches de soleil commencèrent à faire leur apparition sur les pentes en contrebas. Encore vingt minutes plus tard, le vent s'était calmé, la pluie avait cessé, et j'étais là debout, à m'étirer les jambes. Les orages sont des choses folles. J'ai souvent l'impression d'être tellement absorbé par eux et par leur sauvagerie que cela me rend moi aussi un peu fou. Là, j'ai crié avec les éclairs, et je commençais à danser intérieurement. J'imagine que c'est, pour un montagnard, comme de se saouler pour un marin. J'enlevai ma parka et en secouai la pluie, vérifiai mon sac à dos et sortis le SIG P210 de sa boîte roulée dans mon pull. Il était d'un bleu plus sombre que le ciel qui s'assombrissait, et aussi pur. C'est une arme de fabrication suisse, la Rolex des pistolets 9 mm, aussi précis qu'un pistolet de compétition, mais propre, racé. Je pense toujours à la panthère de Rilke quand je le prends en main. Il comprend la fin du silence. J'étais encore assourdi par le tonnerre et un peu tremblant. Je tirai sur la culasse et m'assurai qu'une balle avait bien été engagée dans la chambre, puis je vérifiai le chargeur. J'avais agrandi ma poche revolver et l'avais doublée de peau de chamois. Le pistolet s'y nichait parfaitement.

Un bon pistolet, de toute façon, est parfait, à moins qu'on lui ait fait du mal. Un de mes autres délices est un antique et sauvage Colt 1911 de bien avant la Seconde Guerre mondiale, avec le vieux bleuissage, pas la finition parkerisée. Il est lustré, lourd et sombre, et le gouffre de son barillet est un fragment d'éternité. Je connais son histoire, les vies qu'il a prises et les nombreuses vies qu'il a sauvées. C'est un réconfort pour la main et pour mes yeux d'opérateur ; son poids sur ma hanche est plus agréable que la paume d'une main de femme, et savoir qu'il est sous mon oreiller plus rassurant que les louanges des anges. Un pistolet est comme le chapelet à prières des Turcs, mais permet d'atteindre le paradis avec une plus grande précision. J'en suis venu à aimer le .45 de l'armée comme un ami. C'était l'arme de poing des héroïques marines des films de guerre et des plus costauds des gangsters d'Hollywood, ou du moins de ceux qui avaient les plus grandes mains. Ce n'est pas un pistolet pour petites mains ; les miennes le sont relativement et j'ai dû apprendre à compenser cela par la force. Il est incroyablement précis, ses pièces s'emboîtent comme dans un rêve. Mon amour débuta lorsque j'appris à le démonter et le remonter en situation de combat. Je parvins rapidement à faire cette opération les yeux fermés en moins de soixante secondes. Les histoires d'amour commencent souvent avec ce genre de petits riens.

Il me fallut quelques minutes de travail à la longue-vue pour repérer le chat Palug, toujours en train de gravir sa pente d'éboulis de l'autre côté du canyon. Lui aussi avait laissé passer l'orage et fait sans nul doute ses propres rêveries. Quant à la sorcière, j'attendrais la nuit, où je pourrais partir enquêter. Je reculai précautionneusement sur la crête, où le Palug ne pourrait pas me voir, et me remis en marche vers le sommet avec une vigueur retrouvée. Dans quelques heures, j'aurais peut-être une surprise pour mes deux compagnons.

2

LA CRÊTE OCCIDENTALE sur laquelle je progressais continuait vers l'est sur encore un kilomètre et demi puis obliquait peu à peu vers le nord ; les falaises jusque-là exposées au sud faisaient désormais face à l'est et le fond du canyon était dans l'ombre. Le Palug avait maintenant atteint sa crête à lui ; elle aussi obliquait et allait rejoindre la mienne dans environ cinq kilomètres. Mais c'était un chemin plus difficile, car il était traversé par quatre séries de falaises qui le coupaient comme des marches géantes de trente ou soixante mètres de haut chacune. Ces falaises n'étaient pas particulièrement ardues à escalader, mais elles requéraient du temps et de la réflexion. Si je le souhaitais, je pourrais atteindre le point de jonction des crêtes, puis descendre celle du Palug pour le cueillir juste au moment où il parviendrait au sommet de la troisième série de falaises. Je n'aurais aucune peine à descendre sans me faire voir, car les falaises lui bouchaient la vue. Ce pourrait être amusant et je pourrais dès ce soir me retrouver avec un ami pour partager mon cognac, ou un autre cadavre. Les jours sur la

Lune sont d'ordinaire moins excitants que ça. Mon fredonnement se changea bientôt en sifflotement. Je n'étais pas aussi bon que Wittgenstein, mais je parvins à produire un peu de Mahler, ainsi que quelques vieux refrains des quartiers populaires de la Barbade.

Mais le chat Palug était un petit chaton sauvage. Cadeau de Cerridwen aux habitants d'Arvon, il était devenu en grandissant un des Trois Fléaux d'Anglesey. Les raisons pour lesquelles la déesse-truie faisait ce genre de cadeaux sont bien sûr inconnues, mais les divinités attentionnées n'ont-elles pas toujours distribué les ennuis aussi facilement, sinon plus facilement, que les bénédictions ? Cerridwen était d'une nature aussi portée sur le mal que sur le bien, et ce n'est pas à moi d'émettre un jugement sur ce fait. J'ai jadis reçu d'elle ces deux dons ; sans doute m'arrivera-t-il encore de les recevoir à l'avenir. Je ne lui demande rien. Ma reconnaissance s'exprime dans mes talents, elle le sait. C'est la raison pour laquelle elle a essayé le chat Palug. Mais tout missionnaire porte le sceau de son dieu. Et je connais son visage blanc aux traits tirés aussi bien que je connais l'aube. Et je connais sa violence. Elle a appris son métier de déesse en des temps difficiles – quand les os d'un enfant fraîchement tué pouvaient tranquillement se moudre avec le blé, sous l'emprise des mêmes lumières qui nous poussent aujourd'hui à ordonner des bombardements de saturation. J'offre à la vieille truie le respect qu'elle mérite, et elle le sait. Mais cela ne signifie pas qu'elle ne se réjouirait point de me voir mordre la poussière.

Ici sur la Lune je peux vivre longtemps sans penser à elle ou aux autres. Ils ont leurs méthodes pour me trouver, ou pour trouver qui ils veulent. Mais c'est plus difficile ici et, de manière générale, ils m'y laissent en paix. Peut-être est-ce encore le cas aujourd'hui ; peut-être le chat Palug n'est-il qu'un soupçon dans mon imagination, peut-être ne s'agit-il que d'un inconnu errant, un de ces randonneurs dont les journaux parlent parfois. De nombreuses choses peuvent se produire au cours d'une seule journée. Chaque instant est une forêt de choix. Mon instant, celui de la truie, et même le vôtre.

Si la vraisemblance et la probité sont des questions importantes pour vous, sachez bien que je ne suis pas aisément le jouet d'illusions dues à la paranoïa et que je n'ai pas non plus de goût particulier pour les histoires archaïques. Cerridwen est aussi réelle, à peu près aussi explicable et, en notre temps, moins souvent observée que les globes de feu. Une seule rencontre suffit à authentifier son existence, même aux yeux des adeptes du scepticisme le plus sublime. Je crois qu'il n'existe pas de fantômes dans notre univers, qu'il n'y a rien de surnaturel nulle part. Mais la nature contient suffisamment d'anomalies pour abriter tous les paradis et tous les enfers que l'homme peut rencontrer.

Un physicien remarquait récemment que nous ne sommes capables de détecter qu'environ dix pour cent de la matière dont l'univers doit être constitué. Ce qui signifie que les neuf dixièmes de l'univers nous sont complètement inconnus. Et notre science, qui se fonde sur une connaissance fruste de la manière dont ces dix pour cent se comportent, peut fort bien être totalement inadaptée pour décrire tout le reste. C'est là que je range Cerridwen et les phénomènes de son espèce : avec tout le reste.

Je l'appelle du nom qu'elle utilisa la première fois que je l'ai rencontrée. Elle aimait les sonorités du gallois ; elle avait apprécié ce peuple, alors elle utilisait ce nom. Je ne sais pas ce qu'elle est à part qu'elle fait partie de tout ce reste. Elle semble être une femme ou plus généralement un animal doté de pouvoirs extraordinaires. La catégorie des dieux et des sorcières vint certainement à l'esprit de l'homme suite à ses rencontres avec elle et les autres. Mélangez une expérience réelle, aussi embrouillée qu'elle soit à force d'avoir été racontée et re-racontée, avec la peur et l'ignorance, la cupidité et la soif de pouvoir, et vous obtenez l'histoire de toutes les religions et autres choses du même genre. Elle apparaît à intervalles de quelques années, me fait une putain de frayeur, est à deux foutus doigts de me tuer, puis elle disparaît. Je suis toujours en vie. J'ai cru un temps qu'elle jouait seulement à me faire peur. Mais j'ai décidé qu'elle était sérieuse et que, faute de me voir réagir avec toute l'urgence qu'un véritable danger de mort doit susciter, elle m'éliminera sans aucune hésitation. J'ignore si j'ai ne serait-ce qu'une toute petite chance de gagner. Peut-être n'ai-je pour seule chance que celle de gagner du temps avant la fin de la partie.

Jusqu'ici elle s'est montrée fair-play et n'a pas utilisé de pouvoirs inconvenants. Elle n'obtient de moi rien de plus que pourrait obtenir un adversaire humain extrêmement rusé et habile. C'est ma quatrième rencontre avec elle et mon troisième duel. J'espère qu'elle continuera à me trouver suffisamment distrayant pour m'en accorder une cinquième.

Ma crête était maintenant presque plane et j'accélérai le pas. Sans quitter le couvert des rochers, je me dirigeai vers un petit affleurement distant de cinq cents mètres. Il n'était pas beaucoup plus gros qu'une maison et un de ses coins formait un surplomb suffisamment important pour offrir un refuge décent face à la plupart des averses et des vents. Je fis glisser le sac de mes épaules et le posai contre la façade sèche. Je remplis une des poches de ma parka de petites victuailles, fourrai ma flasque de cognac dans l'autre, vérifiai mon couteau et mon pistolet à ma ceinture, et me mis en marche. Avec ça, je pouvais tenir un jour ou deux et j'étais nettement plus mobile.

Les nuages de pluie étaient désormais à des kilomètres de moi, noyant de tonnerre et d'averses le flanc nord-ouest de la Lune et les hauts contreforts désertiques qui s'étiraient au-delà. Le soleil était vif et l'air chargé de fraîcheur alors que je me hâtais vers le nord et la jonction des deux crêtes. Je ne m'occupais pas du Palug et me concentrai sur ma propre vitesse. Les quatre grandes marches qu'il avait à escalader l'occuperaient bien assez. Vingt minutes après avoir posé mon sac, j'étais sur la crête du Palug et je commençai ma descente vers lui.

La Zone Hudson n'offre réellement aucune autre couverture que celle de la géologie. La végétation la plus haute n'y dépasse pas vos chevilles, même si les minuscules fleurs qui y poussent sont les plus charmantes de la planète. Et les mousses, les plantes naines, la saxifrage, vous ancrent le sol d'une colline si solidement qu'elles rendent possible l'existence de versants d'une pente ahurissante. J'ai gravi des pentes aussi nettes qu'un green de golf qui pourtant se dressaient presque à la verticale, et j'aurais pu les gravir de face avec piolet et crampons sur les pointes si j'avais eu l'équipement. La crête du Palug présentait quelques passages inclinés de la sorte. C'était globalement un choix plus mauvais que le mien ; je me demandais quel stratagème avait pu lui faire quitter un lieu de bivouac sur ma crête pour emprunter certes un chemin en descente jusqu'au canyon, mais ensuite remonter une pénible pente d'éboulis, puis escalader quatre séries de falaises, et gravir plusieurs longues sections escarpées. Cela ne trahissait aucun sens montagnard et ne constituait pas non plus une bonne tactique d'embuscade. J'étais sûr qu'il savait que j'étais sur la crête. S'il était le Palug, il le savait. Mais maintenant il m'avait laissé gagner les hauteurs au-dessus de lui et c'était un avantage dont j'allais me servir. Il n'avait aucune possibilité de me prendre à revers, car entre lui et moi il n'y avait que de la falaise. S'il devait monter, alors il ne pouvait faire autrement que de monter en ligne droite, sur quatre cents mètres à peu près n'importe où et sur moins de deux cents en bien des endroits.

Telles étaient les pensées qui m'occupaient l'esprit tandis que je descendais sur sa crête, laissant les replis de la planète me cacher comme ils le voulaient. Je sais, moi, William Gasper, me cacher dans les lieux découverts, qui me tapis un jour dans les plis de la foule pour participer à la naissance d'un long rêve tortueux. Si vous apprenez à chasser le caribou et l'ours blanc dans les Great Barrens, vous apprenez à faire s'évaporer d'un regard le seul arbre présent dans un rayon de mille kilomètres. Vous apprenez à savoir quand des yeux sont sur vous, à savoir comment ne pas accrocher la lumière du jour et comment vous figer. Vous apprenez à savoir le moment précis où tuer.

Je me rappelle que lorsque je lisais Tolkien la seule chose que je voulais était un manteau d'elfe, léger, chaud et presque invisible. J'ai choisi ma propre parka ni trop sombre ni trop claire pour être le moins visible possible et j'ai abandonné les choses brillantes avec ma tendre enfance. Ma barbe brise l'éclat des reflets de mon visage et je ne porte pas de lunettes. Mais le vrai secret de l'invisibilité gît dans les phases d'immobilité. L'œil saisit très facilement un mouvement régulier, plus difficilement un mouvement erratique et plus difficilement encore l'absence de tout mouvement. Le mouvement doit donc être vif à couvert, puis lent et entrecoupé de stases à découvert, et toujours silencieux.

C'est parce que j'étais un traqueur talentueux et un sniper efficace que j'avais rencontré Cerridwen pour la première fois et que j'avais évité de passer plusieurs années dans un camp de prisonniers nord-coréen ou de mourir dans la neige. C'était en décembre 1950, par un froid mordant. J'avais tout juste dix-huit ans, simple soldat dans le corps des marines, en patrouille de reconnaissance au sud de Majon. Là, comme partout en Corée, les montagnes s'élèvent en un chaos de crêtes et mon escouade, partie en éclaireur pour notre compagnie, progressait sur une d'entre elles à la lueur de la lune, suffisamment claire sur la neige pour nous permettre de nous mouvoir rapidement. Les Chinois continuaient à repousser tous nos culs de plus en plus bas vers le sud suite à l'effroyable retraite du Réservoir de Chosin. Nous cherchions une voie de fuite dont chacun savait qu'elle n'existait pas, mais qu'il fallait cependant chercher, comme la vérité religieuse. Je ne pense pas que le commandant de notre compagnie s'attendît à jamais revoir un seul d'entre nous. De fait, il n'en revit aucun. Mon escouade ne comptait plus que quatre hommes, et l'on nous envoya vêtus des dernières couvertures de parkas blanches disponibles. J'avais empilé des couches de pulls sous ma veste de treillis et enfilé trois paires de caleçons longs. Je me souviens que j'avais des chaussures de combat deux pointures trop grandes, ce qui me permettait de porter trois paires de chaussettes épaisses, bénédiction sans nom car cet hiver fut l'hiver des pieds gelés. Le monde était froid et effrayant. Nous espérions tous ne pas tomber sur une compagnie d'éclaireurs chinois au complet, sonneur de clairon fou compris. Cela se produisit, bien sûr, mais nous avions l'avantage de l'altitude et de la surprise et nous parvînmes ainsi à filer avant qu'ils ne se regroupent.

Ce qui nous sauva fut une incroyable petite tempête semblant surgie du sol lui-même. Elle fit tourbillonner la neige si densément devant nous que nous pûmes rebrousser chemin sur notre crête, passer sur une crête adjacente et disparaître avant que les Chinois ne nous trouvent. De notre hauteur, nous regardions la neige tournoyer dans le clair de lune comme une tour de cristaux de glace. Cela s'étendait sur plus d'un kilomètre carré, comme un cyclone stationnaire, tandis que tout autour les étoiles étaient des lumières éclatantes et amères dans la nuit. Je ne sais si les soldats chinois émergèrent jamais de cette tempête. Tout semblait indiquer qu'ils avaient été ensevelis ou étouffés. Quoi qu'il en soit, nous étions coupés de notre compagnie. Une rafale de mitraillette avait mis notre radio hors service, et comme il nous était désormais impossible de rendre compte de ce que nous savions que nous ne trouverions de toute façon pas, nous décidâmes de chercher nous-mêmes notre salut, où qu'il pût se trouver.

La lune se coucha vers trois heures du matin. Nous fûmes forcés de nous arrêter. Nous nous serrâmes les uns contre les autres dans l'anfractuosité la plus à l'abri du vent que nous trouvâmes, distribuâmes les tours de garde et nous accroupîmes tous. Nous creusâmes une sorte de grotte dans la neige et parvînmes à faire chauffer de l'eau sur un réchaud à pétrole pour nous préparer un peu de café instantané. Le radio se rendit compte que ses pieds avaient gelé. Il ne sentait plus grand-chose en dessous du genou, comme il le démontra avec son couteau en un geste hystérique et triste. Il s'appelait Guilfoy. Le café ne lui fut d'aucun secours. Lorsque nous nous remîmes en marche à l'aube, il réussit à nous suivre quelque temps, puis il commença à trébucher dans la neige. Nous le relevions et l'encouragions à continuer de marcher. Puis, une fois, il tomba et il était évident qu'il était mort. Le ton était donné pour le reste de la journée. Nous avancions maintenant très lentement dans la neige profonde, en suivant une haute crête. Nous étions sûrs que les vallées grouillaient de Chinois et de Nord-Coréens. Nous les voyions parfois. Peut-être même qu'eux aussi pouvaient nous voir, mais qu'ils ne pouvaient nous atteindre. Quand j'avais des pensées, elles étaient dominées par la colonne de neige. Mais la plupart du temps, ce jour-là, je ne pensais pas, je réagissais comme un nerf à vif. Au soir, deux autres hommes étaient morts. Il me restait encore assez de jugement pour creuser une petite grotte dans une congère et essayer de survivre. Je m'isolai assez bien et décidai de me concentrer sur deux choses : manger et me protéger du froid. J'avais proposé que nous nous arrêtions plus tôt, mais les deux autres avaient répondu à juste titre que plus nous attendions, plus nous aurions à marcher pour rattraper nos troupes qui battaient elles aussi en retraite. Je reconnus qu'ils avaient raison et continuai à marcher avec eux jusqu'à ce que je devienne majoritaire. Je ne pensais pas que j'arriverais à rattraper quiconque, et si je voulais rester en vie il me fallait éviter de geler tout de suite, pas plus tard. D'où la grotte. J'y restai environ trente-six heures, mangeai toutes les rations K sauf une et élaborai un plan.

Mes camarades gelés avaient vu juste. C'était une mauvaise idée d'essayer de rattraper une armée battant en retraite, elle-même poursuivie par six millions de Chinois. Il serait peut-être plus sensé de couper vers l'est, vers la côte, de voler un bateau et de tenter de gagner le sud par la mer. J'allais devoir être très prudent dans ma traversée des vallées, mais je n'avais que vingt kilomètres à couvrir et les Chinois ne seraient pas aux aguets vis-à-vis d'éventuels mouvements vers l'est. Ils surveillaient la voie sud. De toute façon, j'avais foutument peu d'options.

Je me mis en marche à la nuit tombée en priant pour qu'il y ait suffisamment de nuages pour que je sois difficile à repérer, mais suffisamment de clair de lune aux bons moments pour que je puisse voir mon chemin. En traversant la première vallée, je compris la chance que j'avais d'être en hiver. Le pont était bien gardé. Mais la rivière gelée ne l'était pas. La glace siffla et s'affaissa un peu, mais ne céda pas. Le prochain passage difficile était un col que je ne pouvais contourner. Impossible de passer de nuit par le versant déchiqueté de la montagne. Il fallait prendre ce col. Je m'en approchai à pas très prudents et vis qu'il y avait un garde et une tente abritant, me sembla-t-il, trois autres gardes. Une lanterne projetait une faible lumière à l'intérieur de la tente. Je rampai jusqu'à six mètres du garde et lui fis exploser la tête de trois balles de fusil. Avant même d'appuyer sur la détente, j'avais dégoupillé mon unique grenade et je l'avais déjà lancée dans la tente quand le bruit de la troisième détonation s'évanouit. Deux hommes sortirent blessés et stupéfaits ; je les tuai rapidement. Je crois que la grenade avait atterri sur les genoux du troisième. Du col, j'aperçus le reflet métallique de l'océan distant de quelques kilomètres. Je ne savais pas pourquoi les Chinois avaient laissé seulement quatre hommes pour garder ce col alors qu'ils n'hésitaient pas à envoyer des compagnies entières pour un rien, mais j'étais heureux qu'il en fût ainsi. Les quelques kilomètres de route suivants étaient calmes et déserts. Ce n'était pas vraiment une route, en fait, plutôt une simple piste en terre battue et le village vers lequel elle menait, quel qu'il fût, n'était pas d'une grande importance aux yeux des Chinois. Ils savaient qu'ils avaient repoussé nos troupes beaucoup plus loin au sud.

Ce village était tellement petit que je ne l'aurais même pas remarqué s'il n'y avait eu les chiens. Ils firent un boucan du diable. Je m'attendis à voir les hommes se ruer hors des maisons pour affronter l'intrus ainsi annoncé. Puis je me souvins que c'était la guerre et que les pauvres gens dans les maisons, s'il en restait, étaient probablement terrifiés à l'idée que les chiens signalent l'arrivée d'une brigade de pillards et de violeurs chinois. Pas une âme ne bougea. Moi, William Gasper, dix-huit ans, traversai le village en conquérant illuminé par le clair de lune. Je marchai jusqu'au petit ponton sous le hurlement continu des chiens, choisis un bateau de pêche, petit mais bien entretenu, parmi les trois qui étaient amarrés, lançai le moteur, et partis. J'étais à cinq cents mètres du ponton lorsque je vis les premiers signes d'activité sur les quais. Le bateau faisait environ vingt-cinq pieds, était équipé d'un petit diesel et devait pouvoir faire du dix nœuds environ. Je le laissai aller à son rythme. À deux ou trois milles au large, je mis cap au sud-est et m'abandonnai à mon épuisement. Je ne dormis pas vraiment, mais m'assoupis plus ou moins, gardant un œil sur les étoiles et un autre sur le contour noir de la côte où, parfois, scintillait une lumière. La mer était plutôt calme et l'adrénaline qui me faisait vivre depuis pas mal de temps s'amenuisait peu à peu. Je me mis presque à sourire. C'est à peu près à ce moment-là que j'entendis, juste à mon oreille, une voix dire :

— C'était une sacrée tempête de neige, hein, matelot ?

Je faillis me chier dessus. Je me retournai avec plus de maîtrise que je ne m'en croyais capable et regardai la femme qui se trouvait à côté de moi. Elle portait une de ces robes blanches traditionnelles des Coréennes et un manteau gris posé sur les épaules. Ses cheveux étaient noirs, mais son visage avait des traits d'Occidentale, pas de Coréenne. C'était avec soin, mais sans aucun accent, qu'elle avait prononcé ces quelques mots en anglais. J'avais du mal à voir clairement son visage. C'était comme si un mouvement vif ou une sorte d'astigmatisme était venu troubler l'ultime mise au point de ma vision. Je ne savais que dire, ni comment.

— Si vous pointez la proue quelques degrés à bâbord, vous intercepterez un escorteur de destroyer dans quelques milles. Ses hommes vous prendront peut-être en charge s'ils ne vous coulent pas avant.

Sans jamais détourner les yeux de son visage, j'avais par moments l'impression de regarder droit vers la lune blanche, en suspens dans le ciel, puis cette impression disparaissait et la femme émergeait de nouveau pour quelques instants. Je poussai la barre et la proue obliqua sur l'horizon vers la gauche.

— C'est ça, dit-elle. Gardez ce cap, maintenant.

Le bateau avait un cockpit ouvert et ressemblait un peu à une baleinière de la Navy. Des filets étaient empilés à l'avant du petit compartiment moteur et, derrière eux, un roof offrait un minuscule abri. Assis à la barre, je pouvais toucher le roof du pied. J'étais adossé contre le franc-bord, épaules et tête tassées à l'abri du vent, et je me reposais, donc je suppose qu'elle aussi était assise. Mais je ne me rappelle pas bien. J'avais à peu près atteint les limites de mon épuisement. Parfois, je la revois debout à mon côté, presque aussi grande que moi, et parfois je me souviens de cette femme assise sur le pont à ma droite, jambes étirées et couvertes par son manteau, regard fixement posé sur la proue. À un de ces moments où j'étais sous l'emprise de ce qui me semblait être la lumière de la lune emplissant son visage, sa voix brisa le silence. Elle dit :

— Je vous ai donné une tempête de neige utile. Je vous en donnerai une autre, un jour, peut-être pour un usage différent.

Elle s'arrêta et son regard se durcit, sans néanmoins altérer son sourire.

— Appelez-moi Cerridwen, matelot. Ne vous donnez pas la peine de trop parler de moi, ça ne vous vaudrait rien de bon. Vous me reverrez, y compris à votre mort.

Au moment où son dernier mot s'évanouit, un puissant faisceau de lumière frappa le bateau et je me retrouvai debout à faire des grands gestes à l'attention d'un escorteur avançant droit sur moi. Lorsque je tournai de nouveau la tête, elle n'était plus là. *Y compris à votre mort.* Dans toute la confusion des instants suivants, faits de cris, de grands gestes, de projecteurs balayant l'espace en tous sens, et de manœuvres de sauvetage, ces mots ne quittèrent pas mon esprit. Y COMPRIS À VOTRE MORT.

La Navy se montra décente à mon égard. J'eus droit à quelques questions rapides, un repas chaud et une couchette propre, où je dormis pendant une vingtaine d'heures. Puis on me posa d'autres questions et on m'informa que l'*USS Humphrey* venait de commencer sa mission de patrouille et qu'il resterait en mer encore deux semaines. J'étais considéré comme simple passager, placé sous les ordres du capitaine d'armes, jusqu'à ce que le navire rentre au port. Le capitaine, un certain Chief Bosun, avec environ trente-sept années de service derrière lui, décida que je pouvais apprendre à faire du café, garder un œil sur les tableaux de quart et passer en revue trois fois par jour les douze hommes aux arrêts. (Les hommes aux arrêts avaient en général chopé la syphilis et étaient consignés sur le bateau pendant trente jours ; certains, aussi, avaient un peu merdé à un moment ou à un autre, et étaient en attente de jugement pour offense à la majesté et à la dignité des forces armées.) La mise aux arrêts était juste un moyen de pression supplémentaire pour harceler les troupes. Revues à 6 h 00, 12 h 00 et 20 h 00. Toujours dernier pour le rata, c'était ce que ça voulait dire.

Je ne parlai de Cerridwen à personne. Je ne suis de toute façon pas de nature très expansive, et lorsque vous commencez à l'ouvrir sur des histoires de dames en grand manteau qui disparaissent dans un éclat de lumière et ont parfois la lune pour visage, on vous envoie direct en section psychiatrique.

La mer était une chose nouvelle pour moi. J'avais pourtant traversé le Pacifique quelques mois auparavant, mais nous n'étions alors pas en mission de guerre. Je commençais à aimer la mécanique du navire, l'entrelacement de la vie des hommes et du battement vital des moteurs, ainsi que les mouvements subtils de la coque sous l'effet des vagues. Nous patrouillions le long de la côte coréenne et tirions de temps à autre quelques salves de nos cinq-pouces pour soutenir notre infanterie, mais pour l'essentiel nous étions comme des douaniers volants en maraude, prêts à intercepter tout mouvement illégal. Les Coréens du Nord possédaient quelques torpilleurs et envoyaient régulièrement des commandos de guérilleros dans des embarcations civiles ; nous faisions de notre mieux pour leur pourrir la vie. Nous tirâmes sur tous les bateaux de ce genre que nous vîmes, en coulâmes quelques-uns et repoussâmes les autres sur la côte. Ce n'était pas une vie déplaisante.

Pendant quelques jours, nous poussâmes loin vers le nord, comme si nous eussions fait cap sur Vladivostok, et une nuit le vent de Sibérie vint nous fouetter de son froid polaire. En général, bien que nous fussions au cœur de l'hiver, le froid que j'avais ressenti dans les montagnes ne régnait pas en mer. Les eaux réchauffent les choses. Mais cette nuit-là le froid que le vent portait était si vif que la mer n'avait aucune chance de le réchauffer, et j'eus l'impression d'être de nouveau sur les crêtes, où le froid devient un terrible ennemi qui s'acharne à extirper jusqu'à la dernière calorie de votre corps, à vous sucer la moindre once de chaleur, à vous laisser comme une bogue gelée, morte, aussi froide que la lune.

C'est cette nuit-là que je fus le plus près de parler de Cerridwen, parce que plus je pensais à elle, plus elle me terrifiait. Mais je ne le fis pas. Chief Russell avait l'imagination d'un pingouin et l'humour d'un âne ; je savais ce qu'il ferait d'une telle histoire de marin. Étant plutôt du genre taciturne, je ne m'étais pas fait d'autre ami. J'étais également un terrien et les marins soucieux de tradition ont peu de choses à dire aux terriens.

Il vint un temps où Cerridwen lança une autre tempête comme la tempête de neige qui avait enveloppé les Chinois et permis ma fuite, mais cette fois dans mon cerveau, et je l'oubliais complètement pendant de longues périodes. Son souvenir ne disparut pas : il était obscurci. En repensant à mon propre comportement ces derniers jours, je me rendis compte que je n'avais pas du tout pensé à Cerridwen lorsque mon œil m'avait dit que j'étais suivi. De qui d'autre, pourtant, pouvait-il s'agir ? Il est plus dangereux d'être confronté à un adversaire qui a le pouvoir de vous embrumer l'esprit. C'est une chose que j'avais comprise depuis longtemps, tout comme j'avais accepté la certitude qu'un jour, aujourd'hui ou plus tard, lorsqu'elle m'apparaîtrait, elle porterait ma propre mort entre ses mains.

La crête du Palug plongeait abruptement sous moi alors que je me tenais accroupi sur le rebord de la plus haute série de falaises, la dernière des quatre marches. La roche était gris sombre, d'un granit plutôt rugueux, parcourue de fissures aussi bien horizontales que verticales. Elle offrait le genre d'escalade qu'un grimpeur à peu près moyen pouvait faire en solo sans trop de difficulté, avec juste quelques pincements d'angoisse occasionnels aux passages difficiles. Un des réseaux de fissures offrait une voie de descente évidente ; j'y évoluai avec rapidité, trouvant de nombreuses prises pour mes mains et suffisamment d'appuis horizontaux pour que mes jambes fassent l'essentiel du travail. Le chat Palug pensait probablement que j'allais l'attendre tout en haut de ses escaliers, et je préférais ne pas être là, mais ailleurs, lorsque nous nous rencontrerions. La sensation d'exposition à la hauteur chargea mon corps d'un peu d'adrénaline, comme un shoot de colombienne lumineuse et, suspendu au-dessus du vide, je jouai avec l'émerveillement tactile lié au fait de tenir ma vie au bout de mes doigts.

Au lycée, je me considérais comme un pauvre type malchanceux, timide, mal foutu, moche, maladroit, inepte et bon à rien. Je ne savais faire que deux choses : lire vite et tirer juste. Et puis une année je découvris la musculation et la gymnastique et me mis en tâche de transformer mon corps de maigrichon en un corps agile et fort. J'y parvins. En l'espace de quelques mois, sans cesser d'être fondamentalement maigre, je devins aussi fort que du cuir tressé et la ténacité de ma poigne commença à susciter l'émerveillement. J'avais fait énormément de tractions pour me muscler les bras et le dos et j'avais découvert que je pouvais les effectuer en me suspendant à la barre par le majeur de chaque main. Cela m'amena à essayer avec les autres doigts et je fus bientôt capable de faire des tractions avec n'importe quelle paire de doigts, puis avec un seul majeur. Outre que cela transforma mon ego, c'était également un bon entraînement pour l'escalade. J'ai aussi remporté la plupart des parties de doigts de fer dans lesquelles je me suis jamais laissé entraîner.

Une fois au pied des falaises, il me restait environ quatre cents mètres jusqu'au rebord de la marche suivante, sur une voie en pente forte. Je la descendis rapidement, car je voulais trouver l'endroit parfait d'où observer le chat Palug dans son ascension. J'allais l'attendre à la troisième, pas à la quatrième. Je devais choisir si j'allais le tuer en restant embusqué, pour en finir tout de suite, ou faire sa connaissance, découvrir qui il était ou qui il prétendait être, avant de décider de son sort. S'il était bien le chat Palug, je devrais le tuer immédiatement. Sinon, il serait probablement préférable que je ne le tue pas. Ce pouvait être un simple randonneur errant, aussi fasciné par la beauté de la Lune que moi. Ou ce pouvait être quelqu'un de la Compagnie envoyé encore une fois pour me surveiller. Dans ce cas, un accident serait plus approprié qu'une exécution par balle. J'étais très favorable à l'idée de l'abattre à un joli moment de son ascension, avec la chute vertigineuse qui s'ensuivrait, car j'ai toujours eu un faible pour le spectaculaire en matière de fin. Mais je connaissais Cerridwen suffisamment bien pour savoir que tout ceci pouvait n'être qu'une brume de l'imagination. Rien n'est jamais simple lorsque l'on a affaire à cette créature. Elle pourrait s'amuser de me voir abattre une illusion, tirer cinq balles dans un fantôme ou dans un érudit copte en vacances ou dans un vendeur de Buick – même s'il me paraissait peu vraisemblable qu'un vendeur de Buick pût avoir une passion pour la marche sur la Lune.

Comment savoir si c'est au chat Palug que vous avez affaire ? Eh bien, vous pouvez toujours voir s'il a les iris fendus, ou attendre que ce diable d'animal vous saute pardessus la tête, virevolte en plein air, et être prêt avec votre couteau à l'instant où il touche terre. Ce n'est pas une chose sur laquelle vous pouvez enquêter à la légère. Et c'est pourquoi l'idée de l'abattre à la première bonne occasion paraissait être la bonne. Tous les vieux francs-tireurs que je connaissais avaient survécu en appliquant ce genre de logique nette, la vieille doctrine de l'élimination pour la préservation.

J'étais assis un peu en retrait du bord de la falaise, bien caché dans une niche, et je surveillais d'en haut la troisième marche et ses voies d'approche. En bas sur ma droite, un gros pouce de granit se détachait de la falaise pour s'élever sur quinze ou vingt mètres dans les airs, comme la Lost Arrow se détache et s'élève de la façade du Yosemite, mais à une échelle plus petite. Le sommet du pouce faisait environ trois mètres de diamètre, était distant de six ou sept mètres du haut de la falaise et culminait peut-être cinq mètres plus bas que celui-ci. Il y avait une voie raisonnablement praticable de la base jusqu'au bout du pouce, au fil d'un réseau de fissures. Cela pourrait faire un joli perchoir d'où un chat Palug pourrait répondre à quelques questions. Qui sait ?

3

MA NICHE M'OFFRAIT une vue satisfaisante sur la crête du Palug. J'y étais invisible aussi bien d'en bas que d'en haut. Je sortis mon pistolet de ma poche arrière et le plaçai dans une poche latérale de ma parka. C'était une forme rassurante, aux contours nets. Mon attente ne serait sans doute pas très longue. Le soleil éclatant de l'après-midi frappait mon front, et je sentais une trace de chaleur dans le vent. Cela me rappela de nombreuses planques de sniper que j'avais pu occuper pendant des heures, même si à l'époque j'utilisais des armes plus impressionnantes – le M-14 en version fusil de précision, avec lunette de visée de grossissement huit, avait alors ma préférence. Un temps, en Corée, j'avais eu un joli vieux Springfield capable de projeter un discours sans appel jusqu'à mille mètres. Avec mon Weatherby .300, qui se trouvait en ce moment dans mon container de Sterns, j'avais fait mouche avec une belle régularité à mille cinq cents mètres un peu partout en Asie du Sud-Est, par temps clair et sans vent. Oui, c'était un fusil qui aimait la distance ! Bien. Là, avec mon SIG, je pouvais toucher un melon ou une tête d'homme à soixante-quinze mètres. Cela suffirait. Une toute petite pièce de métal qui se vrille un chemin à travers le centre de contrôle suffisait d'ordinaire.

Pour qui maîtrise la monotonie, c'est une chose simple que de rester assis à guetter en silence. Il m'est arrivé d'étudier des murs de cellule avec l'avidité d'un érudit plongé dans ses textes antiques, et d'en tirer autant de profit, qui plus est. Je ne suis plus dans une cellule et n'y suis d'ailleurs jamais resté longtemps. Par moments, je laissais mon regard s'élever au-dessus de la crête et flotter sur le vaste désert qui s'étendait derrière. Une vue sur le lointain est la chose la plus apaisante que je connaisse. Cela explique mon goût particulier pour les déserts. Air clair, paysage nu et montagnes : voilà pourquoi l'Islande demeure un de mes pays préférés, bien que la roche y soit affreuse pour l'escalade. Du basalte pourri et fourbe qui ne suscite que de la frustration. Mais les vues sont parmi les plus grandioses que la terre puisse offrir. C'est ainsi que je m'imagine Mars : entourée d'une atmosphère pure, ténue, qui chérit la lumière comme la chérit le diamant et explose de brillance en tout lieu. Mes jours seul en Islande à marcher dans le centre de l'île furent les plus heureux de ma vie ; l'omniprésente luminosité de l'Arctique et ces vents qui se meuvent comme des géométries solides leur donnèrent un parfum vivifiant. Je suppose que cet endroit me conquit également parce que je n'avais pas besoin d'y porter une arme. Mon couteau mandchourien assurait les tâches nécessaires au campement, mais je ne transportais aucune matière explosive et en étais heureux. J'ai pour les armes un amour authentique, qui m'en fait leur esclave – mon passé, le cours que ma vie a pris, est une autre cause de cet esclavage. Je me suis engagé dans une violence que je n'avais pas anticipée et un jour elle m'est devenue habituelle. Je ne suis pas un homme paisible, bien que je le regrette. Mais, en Islande, j'étais libéré de l'emprise de cette violence. Pour un temps. Alors je m'en souviens. De ça, et des paysages.

Dans l'autre monde, il y a une chanson que l'on associe à l'errance, une chanson qui dit : “Je suis sans feu ni lieu”, et la plupart des gens refusent sagement l'appel de ce mode de vie. Un foyer est une chose trop précieuse. Mais nous sommes quelques-uns à avoir vu notre foyer disparaître si rudement, parfois rapidement, parfois cruellement, parfois à cause d'un défaut, que nous sommes réticents à nous abandonner de nouveau à ce genre d'attachement. Je pensai à mon propre chez-moi, à Sterns, ce grand container conçu pour transporter je ne sais quel gros engin d'exploitation minière. J'ai un peu revu son étanchéité, je l'ai isolé, je l'ai meublé sommairement et il est tout à moi. Mon chez-moi favori, ces dernières années, fut une grange dotée d'un petit débarras confortable où j'avais une couchette et un poêle, une bibliothèque, une lampe-tempête, une table et un robinet d'eau froide relié au réservoir du dehors. Dans la grange elle-même, je garais mon pick-up, et j'avais suspendu aux poutres mes anneaux de gymnastique, qui me monopolisèrent l'esprit trois heures par jour cette année-là. Oui, je faisais la croix de fer et la planche, joliment, vers l'avant, vers l'arrière, même si je n'arrivais pas à la faire d'un seul bras. Je suis encore trop effilé et j'ai les bras trop longs. J'avais même pu installer dans cette grange un terrain de tir de quinze mètres et je m'entraînais beaucoup avec mon pistolet et ma vieille .22. Belle année dans cette grange ! Jamais solitaire, jamais découvert et plus heureux qu'un vagabond eût le droit de l'être.

Je me levais dans la grisaille de fin de nuit et courais pendant une heure, treize ou quinze kilomètres, sur un ample parcours un peu en forme de cœur. Cela me permettait de rester alerte et me renseignait sur la nature d'éventuels intrus. Au retour, muscles chauds et déliés, je prenais mon petit déjeuner dans la lumière du matin, je me reposais, puis commençais mon travail aux anneaux.

En gymnastique, les enchaînements les plus simples sont une musique de mouvement et de géométrie. Sens du rythme, anticipation, coordination, force et savoir ont tous leur rôle à jouer et aucun ne doit manquer à l'appel. J'étais en train de me rappeler plaisamment tout mon répertoire, figure après figure, et les muscles de mes bras, de mon torse, tressaillaient aux injonctions de la vieille mémoire kinesthésique, lorsque le chat Palug apparut sur sa crête. Il se hissa en haut de la dernière marche à quatre cents mètres de moi, puis, debout, il examina un moment la façade qu'il lui restait à gravir, repositionna son sac à dos, rafraîchit sa prise sur son fusil et reprit son escalade, la dernière marche, au sommet de laquelle je l'attendais, tapi. Je laissai mon œil nu l'observer quelques instants, puis le suivis à la lunette. Parka marron, pantalon vert sombre, casquette d'affût. Il modifia sa prise sur son fusil, appuyant la crosse dans le creux de son coude gauche. Il était donc bien gaucher. Je me demandai s'il avait aussi un pistolet. Je n'aurais pas de problème à lui faire lâcher son fusil et à l'obliger à monter bien gentiment sur son perchoir, mais s'il avait un pistolet, j'allais devoir le soumettre à un interrogatoire moins emphatique que je ne l'eusse souhaité.

Il gravissait le flanc de la montagne d'un bon pas, bien rythmé, bien équilibré, bien ventilé. À mesure qu'il se rapprochait, je voyais se former les traits de son visage. C'était un visage magnifiquement quelconque, le cauchemar des policiers et des témoins : un visage que l'on ne peut jamais être sûr de ne pas avoir vu avant, fût-ce quelques minutes plus tôt. Les rêves dessinent parfois ce genre de visage – Notre-Dame-de-tout-le-reste aussi.

Son sac était de taille modeste, ce que j'approuvais, et son fusil presque identique au mien – avec un mécanisme de culasse pour gaucher. Alors qu'il progressait par zigzags courts sur le flanc escarpé de la montagne, je remarquai avec satisfaction combien il me ressemblait, bien qu'il eût les cheveux plutôt blonds. Longs bras, longues jambes et des attitudes de guetteur. Pas de barbe, cheveux coupés courts ou cachés sous sa casquette. Son pas était très semblable au mien. C'était un peu comme de regarder un film de moi-même gravissant une montagne et je me mis à soupçonner le pire de la part de Cerridwen. Si mon frère Paul n'était pas mort depuis longtemps, suicidé à trente ans, cette silhouette aurait pu être lui, en train de grimper vers un site de fouilles en Turquie, marmonnant quelque fragment de poème d'Archiloque.

Je le regardais se rapprocher avec fascination, et chaque nouveau signe de vieille intimité, personnelle ou fraternelle, faisait croître et mes doutes et ma certitude. Plus il semblait être une sorte de jumeau de moi ou de mon frère, plus je doutais du sang-froid avec lequel j'allais lui perforer la boîte crânienne ; plus je sentais, en d'autres termes, ma résolution vaciller. En même temps, plus il apparaissait comme mon sosie ou mon clone, plus j'étais sûr qu'il était l'œuvre de Cerridwen, donc un démon de l'enfer, si les démons existent et si l'enfer existe. Mais pourquoi me jouerait-elle un tour aussi puéril ? Elle ne pouvait rien espérer y gagner d'autre qu'un infime moment d'indécision. Me trompais-je ? Je ressentis soudain une profonde appréhension, et mes certitudes sur la question de la fondamentale malveillance de Cerridwen s'évanouirent. J'avais longtemps su ou longtemps cru que, de son point de vue, elle n'était pas malveillante – si cela avait été le cas, elle m'aurait simplement gommé du monde comme un vulgaire point noir. Non, de son point de vue, elle ne faisait que jouer. Mais elle ne comprenait pas vraiment la fragilité humaine : ses pouvoirs physiques étaient trop phénoménaux et son échelle temporelle trop longue. Jouer avec elle était comme tenter de surfer au cœur d'un ouragan. Voilà ce que j'avais longtemps pensé, et pour de bonne raisons. Mais, regardant le chat Palug escalader une série de rochers bas en prenant la voie que j'aurais moi-même prise, je m'interrogeais. Je voyais maintenant dans ma lunette un sourire affable et neutre se dessiner sur son visage – ce même sourire qui me venait si facilement – et je compris que j'ignorais comment j'allais agir.

Mais il ne fallait pas, pensai-je en secouant vivement la tête et en ressentant un soudain accès de haine à l'égard de la Sorcière, que je laisse mon esprit se faire enfumer par la divagation et la stupide mémoire. Si Cerridwen devait me tuer cette fois, il faudrait qu'elle le fît elle-même. Le Palug avait atteint le pied des falaises. Il s'arrêta un instant pour les étudier. Je lui mis une balle à tête creuse dans le crâne, puis, coup sur coup, une deuxième avant qu'il ne s'effondre – et une troisième quelques secondes après qu'il fut tombé à terre. J'observai sa silhouette immobile, ouvris ma culasse et rechargeai rapidement. Il ne bougeait pas et ne bougerait probablement jamais plus.

J'attendis quelques minutes, l'esprit en proie à une tension silencieuse, le cœur serré d'adrénaline. Après le fracas du 9 mm, le calme de la montagne paraissait oppressant, comme si la terre entière eût retenu son souffle. Mon propre souffle et le battement régulier des artères dans mon cou étaient mes seules sensations. "Quelle œuvre que l'homme", murmurai-je pour moi-même en me redressant de ma posture de sniper. Puis je commençai à descendre la falaise.

Le visage du Palug suintait de sang, son crâne était brisé et ouvert sur l'arrière. Après avoir méticuleusement observé ses traits, qui ne ressemblaient en rien aux miens ou à ceux de mon frère, je rabaissai la visière de sa casquette comme un masque de mort ou un linceul miniature et commençai à examiner ses affaires. Le fusil était intact, même si j'allais devoir l'essayer, plus tard, pour vérifier son point zéro. C'était un Remington BDL en calibre .270, assez neuf, pour gaucher. Petit, compact : adorable. Je ne trouvai pas de portefeuille, rien qui me permît d'identifier le Palug, mais dans sa poche de devant il avait une pince à billets faite avec un Double Eagle, pièce de vingt dollars or, qui enserrait une liasse de six mille cinq cents dollars, dont cinq billets de mille. Pas de montre. Des chaussures montantes Super Cervinos italiennes. Ce sont des chaussures très lourdes, très robustes et elles étaient la seule chose inconvenante pour un chat. Elles avaient l'air neuf, ou presque, et cela m'aurait étonné qu'il les eût déjà faites à son pied. Il faut un an ou deux de rude marche avant que ce genre de chaussures ne commence à être enfin un peu confortable. Je me demandai si le Palug avait eu mal aux pieds.

Son sac à dos était un Karrimor Jaguar, neuf lui aussi. C'est une marque britannique que l'on ne trouve pas fréquemment dans ce pays. J'aurais parié que Cerridwen était allée faire ses courses chez Alpine Sports, sur Holborn Street, ou un endroit comme ça. Sans doute à l'occasion de leurs derniers soldes d'hiver. Son contenu était sans surprise : un réchaud Svea et quelques gamelles, une bouteille de gaz, des aliments lyophilisés, un très joli sac de couchage, meilleur que le mien, quarante douilles calibre .270, des chaussettes de rechange, un pull en polaire, une trousse de premiers soins avec des bandes – il avait eu mal aux pieds – et des comprimés de dexedrine. La poche à cartes zippée contenait deux cartes topographiques de la Lune, pliées autour d'un passeport britannique. La photo du passeport ne ressemblait pas particulièrement au visage du chat, mais cela n'avait rien d'étonnant. L'identité indiquait Brewster Shallot, né en 1938 à Swansea. Les pages étaient couvertes de nombreux tampons, signes de fréquents voyages à l'intérieur de l'Europe, notamment en Scandinavie, ainsi que de quelques séjours en Inde, en Thaïlande, à Hong Kong et au Japon.

Je délaçai ses Cervinos et les lui ôtai. Puis je le traînai jusqu'à une crevasse au pied de la falaise et l'y enfonçai. Je passai ensuite environ une demi-heure à recouvrir son corps de lourdes pierres. Il y avait peu de chances pour qu'on le retrouvât jamais.

Les chaussures étaient trop grandes d'une demi-pointure, mais avec une paire de fines chaussettes de laine supplémentaire je pourrais marcher en laissant ses traces pendant tout le reste de la journée. Mes chaussures à moi ne sont pas vraiment des chaussures, ce sont des chaussons EB de grimpeur : sortes de robustes tennis dotées d'une semelle lisse en caoutchouc assez tendre. Je trouve qu'elles se meuvent très silencieusement. Je refermai le Karrimor, ramassai le fusil, le pris en bandoulière et escaladai la façade. Lorsque je me retournai un instant pour considérer la tache de sang séché sur la roche, à l'endroit où le chat avait chu, ce fut sans rien penser et sans laisser mon regard vaciller.

J'étais parvenu au sommet de la dernière falaise et déjà en marche vers le point de jonction entre la crête du Palug et la mienne lorsque je me remis à penser. Entre-temps, j'avais concentré toute mon attention sur le terrain et sur mes appuis, attention redoublée par le poids de mes chaussures, inhabituel pour moi. Mon esprit s'était coulé dans le bruit blanc du coureur de fond, où ne s'insinuait de temps à autre que la vague sensation de marcher avec des seaux aux pieds. À la jonction, je posai un regard large sur le lointain, sur le désert qui s'étendait au-delà de la Lune, sur le soleil de l'après-midi, tardif, doré dans le ciel, et rangeai très soigneusement le chat Palug dans un sombre et profond canyon de ma mémoire. Je n'oublierais pas son visage, avec les petits trous d'impacts aux contours ecchymosés, ni la casquette noire que j'avais rabaissée sur lui. Mais je ne les reverrais plus qu'en les convoquant volontairement. Ils ne pollueraient pas mes rêves. C'est une question de discipline et non de froideur, comme n'importe quel chirurgien pourra vous le confirmer.

Quelques minutes plus tard, j'étais de retour au piton où j'avais laissé mon sac. J'en avais fini pour la journée, alors je m'installai, transformai le Karrimor en oreiller, délivrai mes pieds des lourds seaux du Palug et laissai mes yeux se reposer sur l'horizon en m'abandonnant à la somnolence. J'aime cet état : allongé, flottant au-dessus de l'endormissement, mais plein du calme du sommeil. Alerte et pourtant au repos. Je sentais mes membres s'alléger à mesure que mes muscles se détendaient jusqu'à leurs ligaments. À en juger par la course du soleil, je dus rester ainsi environ une heure. Puis je commençai à avoir envie de thé. Le réchaud du Palug fonctionnait plutôt bien et il ne me fallut que quelques minutes pour faire bouillir mon eau. Après avoir bu mon thé, je vérifiai le point zéro de son arme.

Les douilles étaient chargées de balles rapides de cent trente grains à trajectoire stable permettant une élégante combinaison : zéro à deux cent cinquante mètres, projectile trop haut de cinq centimètres à cent mètres, et trop bas de dix à trois cents. Je visai une pierre couverte de lichen à environ deux cent cinquante mètres sur la pente ouest de la crête, bien éclairée par le soleil latéral, et pris appui sur le sac. Deux tirs m'indiquèrent de régler la lunette de deux crans vers la gauche. Le troisième fit mouche, ainsi que le quatrième, de vérification. Le grondement de la première détonation me surprit et je regrettai de n'avoir pas pensé à prendre mes bouchons d'oreilles. J'ai beaucoup tiré dans ma vie, mais je n'ai jamais aimé les bruits violents. Et, sans que je me l'explique bien, après toutes les guerres où je me suis trouvé, mon ouïe n'a rien perdu de son acuité. Je suppose que c'est parce que j'ai eu la chance de ne pas trop me tenir à côté de canons d'artillerie et que j'ai protégé mes oreilles à chaque fois que je le pouvais.

Mes tirs s'étaient entendus à deux ou trois kilomètres à la ronde, si tant est que quelqu'un fût là pour les entendre. Si c'était le cas de ma belle Cerridwen, bah, elle devait être en train de se demander quelle souris son Palug avait pu attraper avec son bâton de feu. Peut-être savait-elle. Peut-être pensait-elle savoir. Quoi qu'il en soit, c'était un point que je verrais plus tard. Pour le moment, je rechargeai le fusil et le posai à terre en réfléchissant à la suite.

J'avais effacé le chat, ou un pauvre touriste anglois, mais si mes soupçons étaient justes j'avais la Sorcière sur les talons. Les tentacules de perception que j'appelais mon œil continuaient à me dire avec insistance que quelqu'un, une femme, me suivait. Bien. Si l'on me suit, c'est que je suis devant. Autant garder le premier rôle et dormir ce soir tout en haut de la Lune. Cette idée me plaisait et je me mis à préparer mon paquetage. Je pris le fusil et les munitions du Palug, sa pince à billets, son passeport et ses cartes. Je pris également son duvet neuf – et fourrai tout ça dans mon sac. Cela laissait de la place dans le Karrimor pour ranger les seaux et mon vieux sac de couchage. Je le fermai et l'accrochai à une saillie de la roche, sur l'arrière du piton, bien à l'abri du mauvais temps. Il pourrait probablement y rester des années sans se détériorer et peut-être que la paire de seaux ferait le bonheur du prochain randonneur qui passerait par là.

Je passai mon sac au dos, observai longuement ma crête vers la plaine, puis me retournai vers le sommet de la Lune, huit kilomètres plus loin, quatre cent cinquante mètres plus haut. La Lune culmine à quatre mille quatre cent trente-huit mètres au-dessus du niveau de la mer ; c'est un des Quatre-Mille perdus. Personne ne savait si son sommet avait jamais été conquis et personne ne s'en souciait. Je l'avais moi-même gravi à de nombreuses reprises et ne m'en souciais pas. Je dormais souvent tout en haut, parce que j'y étais aussi proche du ciel qu'il fût possible de l'être dans la région et que je sens souvent en moi un appel vers le ciel. Certaines nuits, le sommet est bruyant à cause du vent et plus froid qu'on ne le désirerait, mais les étoiles y sont incontestables, leur présence renforcée par ma conscience de la terre fuyant sous moi de toutes parts, me propulsant dans les cieux comme une mite en équilibre sur l'ongle d'un doigt absurdement long.

Je posai mon fusil dans le creux de mon bras droit et me mis à marcher d'un pas lent, savourant la lumière et le vent. Le ciel était maintenant vide de nuages, même si l'air conservait un plaisant parfum d'humidité, et le terrain était bon. Marcher sur une crête est une de mes grandes joies. J'aime être en hauteur, j'aime regarder la terre tomber de chaque côté, j'aime cette sensation de marcher comme un funambule. Il me souvint alors que, même traqué, j'avais toujours choisi les crêtes plutôt que les vallées.

4

Le lévrier du ranch de mon oncle m'avait appris les règles et l'esprit de la mise à mort. C'était un bon chien, un chien simple, traité comme la plupart des chiens du ranch : avec désinvolture. Certains aidaient à rassembler les moutons d'une manière stupide mais efficace, d'autres montaient la garde autour des corrals et de la maison, et deux ou trois, dont ce lévrier, passaient simplement leur temps à nous suivre dans notre travail. Nous sillonnions à cheval les dix mille hectares du ranch en quête de clôtures brisées ou d'éoliennes en panne, de moutons infectés de ténias, de vaches égarées, ou de tout autre ennui qu'une nature sans pitié peut infliger à un pauvre rancher. Nos journées étaient bien remplies. Cette année-là, c'était la sécheresse, la pire d'un cycle de sept ans bien connu dans le Sud du Nouveau-Mexique, et les bêtes étaient devenues perverses à force d'avoir soif et de manger de l'herbe qui se cassait dans leur bouche comme des éclats de céramique.

Nous parcourions une cinquantaine de kilomètres par jour, assez pour épuiser un cheval sans le pousser à une allure plus soutenue que le trot, assez pour me meurtrir l'arrière-train. Dans la dernière heure de chevauchée, sur le chemin de la maison, traversant une plaine coupée par le lit poussiéreux d'un ruisseau, le lévrier s'éloignait de nous et courait en rond pour essayer de lever un lapin. Il faisait toujours ça et il s'ensuivait une chasse avec un vrai gagnant et un vrai perdant. Un gros lapin sauvage peut semer un cheval à la course sur la plupart des distances qui comptent, et fait parfois jeu égal avec un lévrier. Mais pas toujours. Le lapin savait qu'il avait perdu la course lorsque quelque chose lui brisait les cervicales puis lui déchiquetait le corps. Le lévrier mangeait ses prises et les partageait même avec les chiens plus lents. Parfois, des bêtes rapides et affamées mangent des bêtes moins rapides.

Mais il ne suffit pas d'être le plus rapide. Il faut vouloir utiliser cette rapidité. La faim est une motivation, la peur aussi. Mais la motivation la plus forte c'est l'intelligence. C'est la raison pour laquelle les hommes sont les plus grands chasseurs et les plus grands prédateurs que la Terre ait jamais connus. Tue et sois sauf, abats et respire. Si ça bouge et qu'on peut le tuer, c'est probablement mangeable. C'est un vestige de l'aube de l'humanité, avant même que l'homme soit l'homme. La vie se nourrit de la vie, et elle le fait en tuant. Nous gérons suffisamment bien nos affaires pour que ce genre d'alternatives extrêmes se présente rarement. Mais elles se présentent parfois. Alors, les hommes dont les gènes et le conditionnement intègrent la meilleure mémoire des vieilles manières redeviennent eux-mêmes. Certains sont des guerriers ; ceux-là se meuvent sans se cacher, bruyamment, pour affronter leurs ennemis au son des tambours et sous l'œil des caméras. D'autres sont des assassins et ils prennent leur proie avec furtivité. Les uns comme les autres exécutent une tâche utile au groupe qui les emploie ou qui est maître de leur allégeance.

Je suis un assassin, de caractère comme de profession. Nous sommes moins nombreux que les guerriers, je pense, parce qu'il est plus facile d'écouter les tambours et de marcher au pas que de rester seul dans le noir, à attendre. Mais cette pensée ne découle que d'un biais qui m'est propre et je ne la développerai pas. Je dirai simplement qu'un assassin peut être tout aussi héroïque, vertueux, patriote et assoiffé de gloire que n'importe quel guerrier. Nous comptons même parmi nous quelques pères de famille. Mais nous pratiquons l'objectivité et il est de mon devoir de dire clairement qu'aucun assassin ne peut être un romantique. Les guerriers sont des romantiques. Les assassins, lorsqu'ils ne sont pas tout simplement froids – et beaucoup le sont –, apprennent à agir avec la splendide et pieuse détermination des classiques. Ne nous confondez pas avec les généraux, pour qui les rencontres de la guerre ne peuvent être autre chose qu'un jeu sophistiqué. Nous autres assassins rencontrons nos ennemis sans intermédiaire, aussi intensément, peut-être plus intensément, que le font les guerriers. Nous travaillons le plus souvent seuls, parfois en petites équipes, et notre nom n'atteint la notoriété que lorsque nous échouons. Mais au final, c'est nous qui décidons de l'instant fatal. Ce sont nos mains et nos doigts qui font le travail.

Je me suis souvent demandé pourquoi nous, les assassins, sommes vus comme plus immoraux que les autres tueurs étatiques. Cela a à voir avec une conception romantique du fair-play, un dégoût pour la tricherie, et une illusion sur l'esprit sportif et la guerre. Avec cette fameuse bataille de Waterloo prétendument "gagnée sur les terrains de jeu d'Eton". Ce genre de casuistique fait vite bouillir mon sang. Efficacité, précision, décision : voilà les qualités que l'on recherche chez une arme. Chez un scalpel. Et cet argument n'est pas d'ordre moral, même si l'on pourrait être tenté de le tirer vers la morale ; je refuse de m'encombrer de morale ou de tout autre fantôme. Il ne s'agit ici que d'un affrontement entre deux volontés et deux pouvoirs. C'est tout. Il m'arrive de me dire que c'est Cerridwen qui m'a appris cela au fil des ans, à sa manière à elle, quelle qu'elle soit. Comporte-toi comme un dieu et envoie l'hybris au diable. Apprends à connaître précisément tes limites et à ne jamais les outrepasser. Vise la certitude. Connais tes points faibles mieux que ceux de ton ennemi – car l'une de ces choses est possible et l'autre non.

Cela commence à ressembler à un cours pour apprenti assassin – et ça l'est effectivement. Voyez le chasseur et sa proie. Je n'ai jamais chassé pour le plaisir. Toujours pour manger. La guerre est un festin. Ce sont là des mots froids, mais si la terreur du cœur en venait à embrumer l'esprit, qui peut dire quel chaos s'ensuivrait ? La Sorcière sait m'embrumer l'esprit d'une certaine manière. J'en suis conscient. J'ignore pourquoi elle a choisi de s'occuper de moi – peut-être est-ce lié à mon travail – et elle est elle-même l'image de la mise à mort. J'ai parfois envie de la sauter, de me tenir sur elle, dur et long – mon gland va et vient entre ses lèvres, son vagin est un vide interstellaire, glacial, et il a la gravité d'un million de soleils. Si je la pénètre, ce que je fais, mon pénis disparaît dans un maelström terrible et mon cerveau, mon esprit, se coupe de mon corps.

Le simple fait d'en parler me fait perdre la tête et le fil de mon exposé. Je la veux, je veux cette lacération, ce tourbillon qui ouvre sur je ne sais quelle galaxie où habite son con. Pas la nôtre, certainement. Ce serait quelque chose, hein, si la seule porte de l'hyperespace en ce monde se trouvait entre les cuisses d'une catin fantastique. J'ignore si les déesses, ou qui que soit Cerridwen, ont un con. Elle pourrait fort bien être un simulacre lisse avec une peau continue comme la soie d'une culotte. Je perds la tête. Je parlais de mise à mort, puis de la Sorcière, puis de la sauter, et voilà. Tête perdue. Fantasques fantasmes. Mais la dernière fois qu'elle a essayé j'ai soufflé son chat avec mon adorable pistolet. Elle en rira peut-être, c'est en tout cas ce que je crois, mais ça ne lui plaira pas pour autant. Je deviens très dangereux quand on me fait perdre la tête.

Qu'elles concernent l'art, l'amour ou la mise à mort, les valeurs sont une affaire personnelle. Une question de goût et de conventions, rien d'autre. Autant qu'il m'était possible de le faire, je me suis toujours efforcé d'agir en ces domaines avec calme et raison. Je sais ce que j'aime et je sais ce que je veux. Je suis même prêt à me sacrifier pour les autres. Si je le veux. Je le veux rarement, c'est une des raisons pour lesquelles je vis depuis toutes ces années sur un territoire comme celui que m'offre la Lune : vaste et vide. Un petit service, bref, laid, rendu jadis dans le monde des hommes m'a donné les moyens de vivre ainsi et je n'aimerais pas avoir à changer. Mais je ne supporte pas d'être importuné, que ce soit par la Sorcière ou par une quelconque fraternité ayant pour nom un sigle.

Les assassins dont l'Histoire se souvient le mieux sont les amateurs, les mal entraînés, les suicidaires, ceux qui sont animés par la passion, la folie ou la perversion des manœuvres politiques. Ils sont souvent de piètre stature ; père absent, mère dominatrice. Et ces amateurs influent sur le cours de l'histoire, car leurs cibles sont généralement des présidents ou des rois, des despotes ou des hommes avides de le devenir. Un assassin professionnel refuse d'ordinaire d'avoir quoi que ce soit à faire avec le meurtre de ce genre de personnages publics. Ils sont trop bien protégés, et même si l'assassin réussit sa mise à mort, il est lui-même souvent capturé ou abattu. Un professionnel n'acceptera ce genre de tâche que dans les circonstances les plus extrêmes. Non, les cibles de l'authentique assassin sont des personnages se mouvant dans les deuxième ou troisième cercles du pouvoir : officier de police, juge, industriel, banquier, diplomate en deçà du rang d'ambassadeur. Une modeste enquête de police ou campagne de presse peut suffire pour éliminer ces personnages, et leur disparition est susceptible de modifier localement la marche du monde juste assez pour rendre le risque et le prix acceptables. Vous seriez surpris du nombre d'assassinats, notamment dans le domaine des affaires, qui sont commandités non pas par un concurrent d'une autre compagnie, mais par des forces travaillant au sein de l'entreprise de la victime. La marque de l'assassin professionnel est bien évidemment l'absence de marque : la mort naturelle, l'accident. Ces disparitions ne se remarquent que si l'on mène une étude statistique, ce que l'on fait rarement.

Et le seul résultat auquel ces statistiques aboutissent est une légère inflexion de la courbe, trahissant un risque nouveau, encore mal défini, pour telle ou telle catégorie de cadres.

Mon propre domaine d'expertise était l'élimination de militaires de grade moyen et d'inspecteurs de police. Les chicaneries de la politique et des affaires ne m'intéressent pas, mais la guerre est une chose dans laquelle je fus plongé très tôt, et j'ai beaucoup appris des guerriers, y compris à en devenir un lorsqu'il le fallait.

J'apprécie également la capacité des militaires à jeter un voile sur leurs activités et à transformer le meurtre d'arrière-cour le plus sordide en une sorte d'expression de vertu. J'assassine pour l'État et cela est censé donner à mes actes une forme de légitimité, à défaut de noblesse. C'est un mensonge, évidemment ; je sais que mes mobiles ne changent rien à mes actes. Un meurtre avec préméditation est un meurtre avec préméditation, que vous le fassiez pour l'argent, la vengeance, le patriotisme ou par simple colère. La différence, si différence il y a, réside dans le fait que la société – la nôtre comme les autres – ne punit pas les crimes commis à sa requête et que vous êtes alors censé avoir la conscience tranquille. La société vous paie pour cela, comme elle paie pour tous les services dont elle a besoin. Ce n'est pas l'acte, ni même l'homme, que nous jugeons lorsque nous pendons l'un comme gredin et médaillons l'autre comme héros. Nous ne jugeons que l'effet produit sur la société. La conscience, quant à elle, n'est qu'un agglomérat de pulsations de neurones conditionnés. La conscience est un lubrifiant social : elle reflète notre connaissance des règles qui rendent le jeu jouable.

Mais elle ne devrait jamais asservir l'intelligence. La guider, oui. Pas l'asservir.

Dieu comme je suis fatigué de filer ces sermons ! Ils me viennent toujours lorsque je me trouve dans l'action, je les file comme l'araignée excrète sa soie. Si l'on pouvait suivre les mots comme on suit des empreintes de pas, mes moments de silence formeraient un fil rouge électrique en très longs pointillés. C'est parce que je passe trop de temps seul, me dis-je, en grommelant à l'instant même où ces mots me viennent. Je sais rester assis sans presque rêvasser, et quand je cours sur une longue distance je peux glisser dans un état de flottement absolu. Mais lorsque je marche, lorsque je peine, mon esprit s'acharne à parler. Il n'est pas douteux que je rende meilleur service à mes prochains en tant qu'assassin qu'en tant que pédagogue, car dans une classe je paralyserais trente cerveaux par heure, à arpenter l'estrade en expliquant les subtilités de l'ablatif sous le règne de Justinien.

Je devais être plus tendu que je ne le pensais, car, à plusieurs reprises, mon bavardage mental m'avait suffisamment distrait pour que je trébuche en me prenant le pied dans une pierre. La crête n'était pas plus abrupte, mais plus rude, striée d'innombrables crevasses profondes de cinq ou six mètres et larges du double, avec des rochers de la taille d'un cheval. Dans mon dos, le soleil descendait sur l'horizon et commençait à projeter sa lumière chaude sur les rocs. À la petite faille suivante, je m'arrêtai et posai mon sac. Le moment était venu de faire une pause et de boire une gorgée de cognac. Je posai le fusil contre mon sac et sortis ma flasque de ma poche de parka. En me retournant, j'avais une vue dégagée sur toute ma crête, jusqu'au point où, à l'horizon, la courbe sombre de celle du Palug s'en détachait pour descendre vers la gauche. J'apercevais les deux dernières marches de falaise, là-bas, la plus lointaine des deux abritant désormais l'ultime demeure du Palug, le lieu où se dissipaient ses derniers grammes de chaleur corporelle, aspirés par les pierres froides qui pesaient sur lui comme un immeuble pèse sur ses fondations. Il venait tout juste de découvrir la Lune ; il en faisait déjà partie. Évidemment, j'ignorais si le Palug était profondément ancré dans sa chair. Face-de-lune pouvait déjà l'avoir vêtu d'une carcasse de chien, ou fourré dans un corps de merle. Les Navajos appellent ce genre d'énergumènes des porteurs de peau, et l'on n'en parle pas à la légère. Ces choses peuvent prendre le corps de n'importe quel être vivant abattu dans ce but, ou peut-être de n'importe quelle créature morte qu'elles croisent sur leur chemin. Les anomalies appartiennent au réel, croyez-moi. Qui peut croire ce que l'on écrit sur les trous noirs ?

Je pris une autre gorgée de cognac et la gardai en bouche, la faisant aller et venir sur mes dents, tourner autour de ma langue jusqu'à ce que je me sente en feu, puis avalai. Putain de Sorcière ! Elle me gâchait ma marche. Je ramassai le fusil et observai le bas de la crête à la lunette. Rien ne bougeait. Si je dormais d'un sommeil suffisamment profond cette nuit, mon œil pourrait peut-être voyager et m'offrir un peu plus qu'un rêve au matin. Mais je n'étais pas du tout sûr de bien dormir, vu l'énigme face à laquelle, visiblement, l'on me plaçait.

Sentant encore la chaleur du cognac dans ma gorge, je pris mon sac et descendis la façade de la crevasse qui coupait la crête. Dans l'ombre, la morsure de l'air froid me saisit. Le crépuscule approchait et la nuit s'annonçait glaciale. En dessous de zéro, sûrement. Une grosse plaque de neige lourdement tassée, presque de la glace, était tapie dans le noir, et je dus creuser à coups de pied une demi-douzaine de marches pour atteindre le fond. Là, il y avait un petit ruissellement ; je m'agenouillai et, mains en coupelle, chassai le cognac de ma bouche en buvant quelques gorgées d'eau. Ensuite, j'avançai vite, parcourant un kilomètre et demi en une heure sur cette crête rude et tailladée. Puis le terrain s'assagit et la crête s'acheva sans autre faille, à part une petite estafilade à une centaine de mètres du sommet. Le centre de la Lune, son zénith, était à moins d'un kilomètre. J'avais maintenant dépassé la ligne des quatre mille mètres et éprouvais une légère difficulté à respirer lorsque je forçais l'allure sur une pente abrupte. Je m'acclimatai cependant rapidement, car ce n'est pas une altitude extrême, mais j'allais devoir me souvenir que je pouvais être trois ou quatre pour cent en dessous de mon maximum, si j'en venais à devoir donner mon maximum. Je crois en ce genre de pense-bête. C'est comme avec le .45 de l'armée : la manière la plus sensée de le porter, c'est avec une balle engagée dans la chambre, percuteur levé et sécurité enclenchée. C'est assez sûr, et rapide dans l'action. Mais de nombreuses personnes se sentent mal à l'aise avec le percuteur levé. Le coup semble pouvoir partir pour un rien, chien dressé, crevant de s'élancer. Mais voilà justement l'illusion, ce que le pense-bête vise à corriger. La cohérence entre vos perceptions et la réalité est une chose qu'il faut sans cesse travailler.

Illusion, prestidigitation. La crête s'était transformée en corniche, aussi facile que la piste entre Saks et

Bloomingdale's. La vue était belle et je regrettais un peu de ne pas en profiter davantage, mais mon humeur n'était pas à la déclamation de poèmes sur la lune qui se brise en deux au-dessus de Kuei-lin, ou sur un échassier gobant une perche dans une rizière. Malgré les nombreux beaux discours qui soutiennent le contraire, l'esthétique n'a absolument rien à voir avec la survie. Si l'esthétique est peut-être la cause première de ma présence ici, elle ne dit en revanche rien sur ma situation actuelle. Je forçai le pas, poussai mon ombre vers le haut de la crête sous une lumière dorée en phase de rougeoiement : le crépuscule s'installait à l'est. Le cognac avait stimulé mon appétit et j'étais prêt pour un petit dîner. Dommage que j'eusse été trop occupé pour prendre le temps d'appâter une grouse à distance de tir. Je me vis soudain moi-même en train d'arracher frénétiquement les plumes ventrales d'un volatile, puis de le déchiqueter cru, à pleines dents, un éclat de folie dans les yeux. C'était une image que Gail Henry avait sans doute souvent de moi, pensai-je. Surtout depuis que je lui avais confié mes secrets culinaires pour la préparation des sauterelles et des asticots.

L'estafilade qui tailladait la crête faisait peut-être trente mètres de profondeur – un peu délicate à négocier en descente avec un fusil, mais assez facile à remonter. L'ombre abritait là aussi des plaques de neige et le fond était authentiquement obscur. Je m'y arrêtai un moment et, l'espace de quelques secondes, je fus envahi par des visions de l'*Enfer* ou du onzième livre de l'*Odyssée*, quand la porte du royaume des morts s'ouvre en silence et que les âmes des grands guerriers s'agitent dans les profondeurs en faisant des bruits de chauve-souris ou de feuilles mortes qu'on écrase sous ses pas. C'était un lieu lugubre, coupé des rayons du soleil par des murs de granit gris sombre, rendus plus sombres encore par leurs courbes et leurs angles.

Lorsqu'ils sont accessibles aux masses, les lieux de ce genre engendrent une erreur philosophique de taille – car ils sont faits pour inspirer à l'homme le mysterium tremendum qui lui afflige l'esprit. Passez quelques heures dans l'obscurité, à écouter le vent gémir au-dessus de votre tête : vous verrez que les démons deviennent vite une notion très réelle. Et ma Sorcière aux tétons de prune ne baverait-elle pas d'envie de me voir coincé dans un lieu comme ça ? Je n'avais aucune envie de lui laisser davantage de chance que je n'en avais laissé à son Chat. Non pas, me corrigeai-je mentalement, que j'eusse aucune emprise sur la distribution de la chance en ce monde. Je levai la tête, étirai mon cou, examinai la voie d'escalade pour sortir, passai mon fusil en bandoulière pour me libérer les deux mains, et commençai à grimper.

Il ne me fallut pas plus de vingt minutes pour atteindre le haut, en me concentrant sur la recherche d'appuis et sur mon équilibre. La lenteur de mon ascension était suffisante pour ôter presque toute élégance à mes mouvements, mais j'étais content de la série de solutions que j'enchaînai de difficulté en difficulté. Arrivé en haut, je plongeai un regard au fond du puits sombre et frissonnai pour me débarrasser des ombres qui m'enveloppaient encore. Puis le rougeoiement mordoré du couchant me guida sur la crête, sur la dernière section de la crête, jusqu'au sommet. Que rien ne marquait : ni cairn, ni registre de grimpeur. L'extrême sommet était constitué d'un rocher de granit d'environ deux mètres de haut et quatre de large. Il m'était déjà arrivé d'en faire mon lit. J'y hissai mon sac à dos et mon fusil et l'escaladai. De tous côtés, la Lune me fuyait en tombant comme les drapés d'une très longue robe. Depuis ce point, je contemplais le monde avec les yeux de la Lune. J'étais la Lune.

Il n'y avait aucun vent ; j'allumai le réchaud à l'air libre et fis bouillir de l'eau pour mon thé et mon gruau. Pendant que mon thé infusait dans la tasse en aluminium, je mélangeai une poignée de lait en poudre, sucre de confiseur et noix du Brésil à mon soja. Cela faisait une pâte dont un colleur d'affiches eût pu trouver l'usage, mais qui m'offrait toutes les calories dont j'avais besoin. Demain, peut-être, je trouverai une grouse. Le rocher était tout à la fois un trône et une table d'honneur ; bientôt, il deviendrait un lit. La nuit tombait et je finis de siroter mon thé en regardant la terre sous l'horizon, où un quelconque point de lumière gros comme une tête d'épingle serait signe de présence d'un voyageur. Je n'en vis pas. La nuit s'assombrissait, le sommet de la montagne semblait s'abîmer en eau profonde.

Je sortis du sac le matelas Ensolite et le duvet du Chat, les déroulai, les aérai, ôtai mes chaussures et mon pantalon, et me glissai au chaud, à moitié allongé, dos appuyé contre mon paquetage. C'était plus de confort que je n'en avais eu de toute la journée. Je gardai le pistolet dans le creux détendu de ma main et le fusil allongé le long de mon flanc. Puis j'étirai les jambes vers le fond du duvet et sentis un petit paquet du bout des orteils. Je le pêchai. C'était un paquet d'environ cinq centimètres sur dix, épais de deux ou trois, emballé dans du plastique transparent et plus lourd d'un côté. Il contenait autant de billets de cent dollars qu'on peut en tasser sur cette épaisseur et un rouleau de six Krugerrands. Si la Sorcière avait payé son Chat avant qu'il n'eût achevé son œuvre, tant mieux. Avec son argent, je pourrais aller à Las Vegas et m'offrir une pute, juste pour me venger. Mais je devais d'abord conclure ma baguenauderie avec la Lune et voir quelques autres nuits tomber. Je repoussai l'argent au fond du duvet et me concentrai sur mon sommeil.

5

Le rêve commence toujours dans l'exil et la peur, la paranoïa. Le plus souvent, je marche le long d'une rue bordant la mer, ou un canal. C'est Saigon, et c'est Hambourg. Je marche vers un entrepôt sombre situé quelques blocs plus loin. Je sais où il est, même si je n'y suis jamais allé, et quelqu'un me poursuit. Les rues sont mouillées et les lampadaires y projettent des reflets luisants, glaciaux, tranchants comme des lames de couteau. J'ai l'impression d'être jeune, la vingtaine, ou plus jeune, dix-huit ans peut-être. Lorsque mes pensées ne se focalisent pas sur l'inquiétude que me causent mes poursuivants, elles se portent sur mon chez-moi, maintenant perdu, et sur mes parents morts. La solitude est terrible et déprimante. Je me rapproche de l'entrepôt. Il est là, pas loin mais hors de vue. Je commence à remarquer des petites boutiques, des épiceries, des tavernes, des galeries. Je passe devant un cinéma, mais ne peux lire son nom sur l'auvent. Des passants passent ou s'écartent sur mon chemin. Ils forment une masse nébuleuse et je ne parviens pas à discerner les traits de leurs visages. Ils ne font pas particulièrement attention à moi, mais sont conscients de ma présence. Je commence à craindre que mes poursuivants soient parmi eux, ou que quelqu'un m'attaque et me vole. Sur les franges de l'obscurité, des silhouettes parlent en jetant des coups d'œil dans ma direction. J'accélère le pas, j'enfonce mes mains dans mes poches et mes doigts courent discrètement sur mes cuisses, en quête du contact réconfortant de mon pistolet ou de mon couteau. Mes poches sont vides. Ma main se pose sur ma ceinture et en suit le contour. Pas de pistolet. J'essaie de forcer la surface de ma peau à révéler l'endroit où j'ai caché mon arme. Elle n'est pas dans un holster d'épaule, pas non plus dans un holster de hanche. Je ne la sens nulle part sur mon corps et fais des efforts frénétiques pour essayer de me rappeler où j'ai pu la mettre. Pendant tout ce temps, ma peur s'intensifie. Je crois que plusieurs personnages me pourchassent. Au carrefour suivant, je prends brusquement à droite et me mets à courir, bien décidé à semer mes poursuivants. Le trottoir est planté d'arbres, et je mesure ma vitesse à la rapidité avec laquelle ils passent à côté de moi, comme si j'étais dans un train ou une voiture à regarder le défilement des poteaux téléphoniques. Je cours pendant longtemps, jusqu'à ce que cela devienne ridicule et stupide, et que je sente que je risque de me réveiller. Mais quelque chose me retient dans mon rêve ; j'éprouve la nécessité impérieuse de trouver cet entrepôt, car je pourrai y établir un lien avec quelque chose d'important. L'envie de sortir du rêve entraîne un saut, une rupture dans l'espace et je me retrouve en général dans une rue encore plus animée, bordée de davantage de boutiques, et la menace que je ressentais s'atténue. Je m'arrête pour regarder une vitrine. C'est une boutique de prêteur sur gages ; sa vitrine regorge de pistolets, couteaux italiens, appareils photo, instruments de musique, jumelles et plateaux de diamants. Une jeune femme s'approche et se pose à côté de moi, en silence, absorbée elle aussi dans la contemplation de la vitrine.

— J'ai toujours eu envie d'avoir un couteau comme ceux-là, avec le cran d'arrêt, dit-elle, le regard toujours fixé sur la vitrine.

Puis elle se tourne vers moi et me demande en souriant :

— Lequel préférez-vous ?

— J'aime bien celui avec la lame de douze centimètres, dis-je en m'efforçant, sans succès, de me rappeler où j'avais pu voir cette fille.

— Achetons-en un, dit-elle en glissant le bras dans mon coude comme si j'étais son chevalier servant. Ça ne nous prendra vraiment pas longtemps. Vous pourriez m'aider à choisir.

Elle avait un très joli sourire et je ne ressentais aucune crainte.

— D'accord, dis-je en avançant vers la porte. Peut-être que je m'en achèterai un aussi.

La porte du prêteur sur gages était protégée par une lourde grille en métal et équipée de trois loquets. À l'intérieur, il n'y avait pas un bruit. Je jetai un coup d'œil circulaire aux présentoirs et trouvai celui où les couteaux à cran d'arrêt étaient exposés sur un rectangle de velours brun sombre.

— Les voilà, dis-je en me tournant de nouveau vers son visage.

Dans l'éclairage de la boutique, je vis une jolie jeune femme aux yeux noirs, cheveux noirs, manteau de laine gris, écharpe noire, qui devait avoir dans les vingt ans et qui m'arrivait à l'épaule. Nous nous dirigions vers la vitrine des couteaux lorsque le propriétaire émergea de sa cage à bijoux, au fond du magasin.

— Je peux vous renseigner ?

— Nous voudrions acheter un couteau, un de ces couteaux avec un bouton et une lame de douze centimètres, dit la fille en faisant courir son doigt au-dessus de la vitrine. Comme celui-ci, précisa-t-elle en pointant un modèle à manche d'ivoire.

L'homme observa la fille attentivement, puis m'examina moi. Il nous jaugeait.

— C'est de l'ivoire véritable, vous savez, dit-il en ouvrant l'arrière du présentoir.

Il prit le couteau, le sortit et jeta un coup d'œil à l'étiquette.

— Quatre-vingt-cinq dollars. C'est pas du plastique.

La fille avait tendu la main ; il y posa le couteau en faisant une révérence théâtrale. Elle l'examina attentivement, le soupesa, le fit tourner dans sa main. Puis elle écarta doucement ses doigts de la tranche noire de l'arme et appuya sur le bouton avec son pouce. Elle sourit en voyant la lame sortir d'un coup. Elle testa le cran d'arrêt et la solidité de la jointure lame-manche. Puis elle toucha très délicatement la pointe et le tranchant de la lame.

— Il n'est pas aussi aiguisé que je le pensais.

— Vous savez, ce genre de couteau est plus fait pour planter que pour couper, dit le prêteur sur gages d'une voix basse et posée. Mais vous pouvez lui donner plus de tranchant si vous voulez. C'est un acier d'excellente qualité.

— Je le prends, dit la fille en sortant son portefeuille de son sac à main.

Elle donna à l'homme cinq billets de vingt. Il prit l'argent, puis s'immobilisa et me lança un regard interrogateur, comme s'il attendait que je lui donne mon accord ou que je lui achète quelque chose. La fille aussi se tourna vers moi et pendant quelques instants ils me fixèrent tous les deux. Puis ils se mirent soudain à se tordre les mains et à dodeliner du chef en arborant une fausse expression d'extrême douleur, avant de se lancer dans une sorte de chant psalmodié mais aigu : "Que cherchez-vous ? Que cherchez-vous ?" en secouant la tête de plus en plus vite.

Je crois que mon attention avait été quelques instants endormie par l'apparente normalité du rêve et que mon esprit avait commencé à l'accepter comme réel. Mais maintenant, les deux marionnettes folles que j'avais en face de moi me montraient que cette réalité était factice ; toutes les craintes liées à mes poursuivants et à ma vaine recherche de l'entrepôt, quoi que celui-ci eût contenu, n'étaient qu'une altération de mes soucis du jour. Je me réveillai au milieu de leur lancinant babillage, dégoûté par mon propre esprit. Quel bazar simpliste. Quel ennui. La qualité des rêves, me dis-je, n'a sûrement aucun rapport avec la qualité de la pensée éveillée. C'était du moins ce que j'espérais.

La nuit scintillait sur moi de quelques milliers d'étoiles de plus que n'en voient les gens d'en bas. Le champ du ciel semblait étonnamment profond, comme si les étoiles au-delà des étoiles eussent percé dans le noir d'une manière que je savais pourtant indécelable à l'œil humain. Le ciel nocturne n'a pas de profondeur : nos yeux sont trop proches l'un de l'autre. Leur témoignage peut donc être biaisé par nos désirs.

Le regard fixé sur les étoiles, je repensais à mon rêve et à ce que je cherchais. Ces dix dernières années de solitude et d'exil volontaire avaient distendu les chaînes que les vingt précédentes avaient tendues pour entraver mon esprit. En 1969, un furieux accès de stress et de désenchantement face à ma propre incapacité à entretenir le moindre soupçon d'illusion salvatrice avait failli me pousser au suicide. Il arrive un moment où, même pour un nihiliste cynique comme moi, la vie se fait monstrueuse et dégoûtante. La seule valeur que je possédais alors gisait dans l'excitation de la survie ; et même elle pouvait se réduire à une addiction à l'adrénaline. J'ai cru jadis que je répugnerais à tuer des innocents et j'ai cherché à maquiller mes actes du fard de la justice. J'étais un des Danites, un des Anges de la Vengeance. Puis j'ai découvert que c'était une bien piètre illusion, incapable de résister une semaine à l'épreuve du terrain. Au moment où le sniper appuie sur la détente, ses cibles sont toujours innocentes et inconscientes. Quand leur tête explose, ce sont des nouveau-nés pour la morale. J'ai tué cent vingt-sept hommes et femmes, et pas plus d'une douzaine d'entre eux n'était en train de faire quelque chose qui méritât la mort au moment où je les ai abattus. Je n'ai sauvé aucun prisonnier en abattant son bourreau à la dernière seconde, hache levée, prêt à lui trancher la tête ; je n'ai tué aucun tortionnaire en pleine jouissance face à l'agonie de sa victime.

Le tortionnaire que j'ai abattu, un des tortionnaires que j'ai abattus, était en train de porter une cuillère de soupe de poulet à sa bouche lorsque je l'ai remplie, à la place, d'une once de chevrotine projetée à une vitesse de trois cents mètres par seconde. La chevrotine avait à peine ralenti en fracassant sa mâchoire et sa nuque.

Et quand bien même j'eusse sauvé un millier de jeunes vierges d'un sort pire que la mort, quelles vertus eussé-je engrangées dans cet univers qui ignore la vertu ? Il n'y avait rien là pour aucun d'entre nous. Il y avait la jouissance du corps jouissant de lui-même tant que cela durait, et il y avait la mort. C'est tout. Rien n'était interdit, rien n'était exigé. Les choses se contentaient d'être et de persévérer dans leur être. Même la terreur que suscite un tel univers est une forme de fiction, une illusion fugace. Si les choses ne vous apparaissent pas ainsi, c'est sans doute que vous n'avez pas encore vécu suffisamment longtemps du côté de l'extrême, que le destin vous a épargné l'obligation de voir les choses en face et d'en tirer des conclusions claires. Si vous souhaitez garder vos illusions, ne creusez pas les questions que vous adressez à ceux qui ont passé beaucoup de temps sur les champs de mort du monde. Car même les sots qui prétendent agir pour une cause abstraite savent dans leurs rêves que c'est un mensonge. Le Devoir, la Justice, Dieu, la Patrie, l'Honneur ne sont que vanités.

Je me retournai dans mon duvet et posai un bras sur mes yeux pour faire écran à l'éclat des étoiles. Apparemment, je ne parvenais pas à éteindre les sermons qui défilaient dans mon esprit confus. Si je cherchais quelque chose, c'était à en finir avec eux, à réduire au silence le trou du cul querelleur qui portait le deuil du meurtre de la morale par le réel. Je savais qui j'étais : un bourreau, comme Charles-Henri Sanson, qui effaça Louis XVI, ou son fils Henri, qui rendit cet honneur à Marie-Antoinette. Je n'étais pas Kierkegaard, et si j'avais moi aussi mes subtilités, je leur avais appris à se taire. Vingt années comme maître de mort m'avaient enseigné ce genre de silence, car un doute qui vous immobilise la main l'espace d'une milliseconde peut signer votre fin et constitue une lamentable faute professionnelle.

Que cherchais-je alors ? *Was will der Mensch ?* J'envisageai un temps de devenir violeur. J'étais déjà assassin de masse, quoique très petit joueur par rapport à la plupart des pilotes de bombardier ou de n'importe quel servant de mitrailleuse ayant passé plus d'un mois au feu. Et mon piètre score de cadavres ne me permettait certainement pas de rivaliser avec les politiciens. Peut-être qu'en tant que violeur je pourrais laisser quelque trace. Mais j'avais essayé et cela m'avait paru incomplet. Il y a une petite excitation dans le fait de violer, mais qui n'a rien à voir avec le plaisir langoureux que le sexe peut par ailleurs procurer. De manière générale, ce n'est pas dans ma nature. Vous ne pouvez voler quelqu'un qui méprise radicalement l'argent, de même que vous ne pouvez trahir quelqu'un qui ne croit pas en la loyauté. La seule raison qui fait que je n'ai jamais travaillé pour le KGB, ou toute autre puissance œuvrant pour quelque autre vérité, est que l'on ne m'a jamais demandé de le faire. Les tueurs, même aussi doués que moi, ne sont pas une denrée rare. Nous nous faisons connaître tôt dans la vie, et l'organe de notre société susceptible d'utiliser nos talents tarde rarement à les reconnaître. Il se trouve qu'à l'âge de dix-huit ans, les pulsations de ma vie étaient en phase avec les besoins des marines, et ainsi coula le fleuve, avec moi dedans.

Cela ne signifie pas que je n'aurais pas pu me faire pêcher dans cette rivière et hisser sur la berge par quelque autre puissance pour laquelle j'aurais travaillé avec les mêmes conscience et efficacité. Enfant, déjà, je savais que je n'étais pas au-dessus de l'histoire.

Donc : je cherchais à acheter un couteau, n'est-ce pas ? Qu'est-ce que cela veut dire ? Est-ce que mon vit avait faim de con ? Avais-je envie de presser sur mon bouton pour voir ma lame surgir, dure et vivante, puis de poignarder une femme entre les cuisses ? C'était du Freud de bas étage, mais ça disait peut-être quelque chose de vrai sur moi. Qui était cette fille ? Sûrement pas la Sorcière. Encore que. Je n'avais aucune certitude. Je me retournai sur l'autre flanc et ouvris de nouveau mes yeux à la nuit. Je les basculai sur leur fonction *polarisation* et tentai de percevoir la rotation de la Terre. J'en avais assez des images.

Je me réveillai de nouveau vers trois heures en sentant une main sur mon épaule.

— Réveille-toi, matelot, la Lune voudrait s'entretenir avec toi.

Je sursautai, en pleine panique, mais la main sur mon épaule me maintint suffisamment longtemps pour que mon esprit enregistre un visage blanc penché sur moi, de longs cheveux qui me caressaient les joues et de grands yeux froids plantés dans les miens.

— Réveille-toi, matelot, et parle-moi de mon chat.

Sa voix était calme, sa main desserra son étreinte tandis que j'essayais de me redresser tout en cherchant et en trouvant le pistolet coincé sous ma jambe.

— Assieds-toi, matelot, et raconte-moi.

Elle ôta sa main de mon épaule et s'accroupit en face de moi sur le rocher. Ses cheveux étaient blancs et descendaient jusqu'à sa taille. Elle était nue, son corps était le corps d'une femme de trente ans. Ses seins avaient pris la courbe de la maturité et entre ses jambes sa toison était blanche et luisante dans le clair de lune, plus blanche encore que sa peau. Elle était belle et étrange. J'avais le cœur serré de surprise et de peur, et il me fallut du temps avant de pouvoir bouger. Si elle était humaine et qu'elle m'avait voulu mort, je le serais déjà. De ne point l'être m'intriguait, comme elle m'avait toujours intrigué, elle, malgré la peur.

— Ton chat me traquait, Cerridwen, dis-je. Je n'aime plus qu'on me traque.

Sa bouche s'ourla d'un sourire et elle cracha sur le rocher.

— C'était un chat stupide, cette fois, dit-elle d'une voix aimable.

Elle restait accroupie, coudes appuyés sur les genoux, en attendant que je lui parle.

— Il ne m'a causé aucun ennui, dis-je enfin. Je crois que ses chaussures lui faisaient mal aux pieds.

Elle éclata d'un rire sonore.

— Oui, fit-elle en hochant la tête. Oui, il avait mal aux pieds. Il ne savait pas chasser, il ne savait pas causer d'ennuis.

Sa main droite bougea nonchalamment et elle commença à se gratter la fesse. C'était un geste de temporisation, un geste qui trahissait la recherche d'un mot dans une langue étrangère. Assis en compagnie d'indigènes des montagnes, il m'était arrivé de faire ce même geste, pendant que mon cerveau cherchait une locution en langue méo.

— Puis-je m'asseoir sur ton lit ? demanda-t-elle enfin en désignant d'une main douce le pied de mon tapis de sol.

J'étais sidéré. Jamais elle ne m'avait demandé la permission pour quoi que ce fût auparavant.

— Bien sûr, répondis-je. Il est à toi, de toute façon.

Elle s'assit sur le duvet sans, me parut-il, faire le moindre mouvement, puis elle étira ses jambes et s'appuya en arrière sur ses deux mains, laissant le clair de lune caresser les contours de son corps, parfaitement consciente de l'effet qu'elle produisait sur moi.

— Oui, dit-elle, ce chat ne savait pas chasser. Mais moi, je sais.

Elle prononça ces mots d'une voix neutre, vierge de toute malveillance. Soudain, elle se pencha en avant et posa la paume de sa main sur ma joue.

— Et toi aussi, tu sais, n'est-ce pas ? poursuivit-elle en plantant ses yeux dans les miens, avant de glisser sa main de ma joue à mon torse. Et maintenant, matelot, on le fait ? C'est un endroit parfait.

Elle se glissa dans mon duvet comme elle s'y était assise, en un mouvement indécelable, et partit dans une série d'éclats de rire joyeux sans cesser de me caresser le dos de ses mains vives comme des serpents. Elle m'ôta le pistolet des mains comme on enlève un gant, en se tortillant langoureusement contre moi. Elle avait porté une main en coupelle sous mon pénis et mes testicules, et commençait à jouer avec eux en se pressant encore contre moi.

Que sait-on de la métaphysique de la tromperie ? Il n'y a rien au-delà de la physique, pas de volume caché, pas d'étude à venir. Notre connaissance s'arrête à la physique, qui est elle-même suffisamment fantasque de toute façon. Je ne sais pas ce qu'est – ou ce qu'était – Cerridwen. J'étais seul sur un rocher au sommet d'une montagne, au plus noir de la nuit, avec des étoiles plus pures que des illusions au-dessus de ma tête, le pénis long et dur, l'esprit envahi par un ardent désir de chair féminine. Mais parfaitement seul. Éveillé et seul.

Les rêves ne sont ni plus ni moins puissants que la réalité, mais ils perdent le contact avec la base. D'une nuit à l'autre, les rêves sourdent de bases différentes, de mondes différents. Le monde dans lequel nous nous réveillons chaque matin est à chaque fois le même, ou presque. C'est ainsi que la vie éveillée dénote le réel. Je me retournai dans mon sac de couchage et méditai sur ces traîtrises de la nuit, sur ces renouveaux de clarté qui venaient défier le jour. Pendant près de trente ans j'avais vécu dans un monde où je dormais la nuit et entrais souvent dans des mondes de rêves pour des périodes très brèves, et d'une absence d'importance patente. Mais pendant ces trente années, également, j'avais connu divers épisodes, toujours centrés sur un personnage que je savais être Cerridwen, qui n'étaient pas des rêves et qui pourtant défiaient les lois admises de la vie éveillée. Peut-être étais-je fou. Les tueurs sont souvent fous. La folie pouvait bien être le nom de l'état où l'on se trouve lorsque les rêves semblent sourdre de la réalité du jour, comme Cerridwen sourdait de mes jours et de mes nuits. J'étais aussi perplexe que le vieux Zhuang Zhu, qui rêva un jour si puissamment qu'il était un papillon que lorsqu'il se réveilla, il fut incapable de dire s'il avait simplement rêvé qu'il était un papillon, ou s'il était un papillon rêvant qu'il était Zhuang Zhu. C'est là un dilemme compliqué à résoudre.

Par exemple, si dans mon premier rêve il y avait eu une bousculade devant la boutique du prêteur sur gages, une foule pressante sur le trottoir, une grosse voiture qui passe, décapotée, un homme et une femme qui saluent la foule en souriant, puis une rapide série de détonations, alors cela eût pu être un rêve au sens où je l'entends, qui exhume des profondeurs des échardes de souvenirs, les distord, les rejoue. Mais j'avais soit des rêves si pauvres qu'ils en étaient embarrassants, soit ces visitations, rares mais avérées, par une présence qui me semblait outrepasser les possibilités du rêve. Mon esprit tourbillonnait et je sentais un goût amer se former dans ma bouche.

C'était un matin où tout me paraissait douteux. Le goût dans ma bouche s'épaississait comme si j'avais passé toute la nuit à sucer une cartouche de cuivre, et lorsque je tentai de l'évacuer d'une gorgée de cognac, je la recrachai immédiatement, dégoûté. Je restai allongé dans mon sac de couchage encore une heure, à regarder la fausse aube taquiner le ciel et se retirer ; puis le vrai gris qui annonce le vrai jour se diffusa lentement par l'est. Dès que je pus discerner les contours de la crête orientale, je me levai, fis rapidement mon paquetage et me mis en marche pour quitter la Lune. Tout ce que je savais, c'était que je me dirigeais vers Sterns, en vue d'autres voyages, et que j'étais impatient. Cerridwen pouvait pourrir comme son chat, si elle était d'une étoffe pourrissable. Sinon, que le néant l'emporte, ou que ma mémoire meure.

6

POUR DESCENDRE, je choisis la large crête qui s'étire vers le sud. Elle forme un solide épaulement à la Lune et mène jusqu'au désert, où elle s'enfonce loin, comme un bras tendu, à quelques kilomètres à l'est de la crête du chat et de mon propre cheminement de ces derniers jours. Elle est ronde côté est et abrupte côté ouest, mais le terrain est bon, avec juste quelques entailles et crevasses susceptibles de ralentir un homme désireux de rentrer vite.

Il existe une technique de marche particulière pour la descente, qui, si vous la maîtrisez, évite à vos jambes de souffrir du lourd martèlement causé par le fardeau supplémentaire de la gravité, et à vos orteils d'aller s'écraser au fond de vos chaussures. C'est un pas sautillant, genoux vers l'avant, cul vers l'arrière. Ça vous donne peut-être un air un peu stupide, mais c'est simple, efficace et rapide. J'avais besoin de rapidité. Mon temps sur la Lune n'avait pas été aussi plaisant que je l'espérais et j'étais en colère contre – en vrac – moi-même mon destin, mes rêves et la Sorcière. Mon œil ne m'avait rien dit au sujet de la nuit, aveuglé qu'il était par le tumulte des rêves. Je ne savais pas si l'on me suivait et cela m'était égal. Je crois que si j'avais croisé quelqu'un ce jour-là, ou le suivant, je l'aurais abattu sans hésitation et sans plus de motif que l'agacement suscité par sa présence. C'était à cause de ce genre de sentiments que je passais ma vie sur la Lune ou en des lieux semblables. Je ne suis pas de bonne compagnie pour les autres, je le sais. Maintenant, malheureusement, j'ai aussi cessé d'être de bonne compagnie pour la Lune.

À la fin de l'après-midi, j'avais parcouru cinquante kilomètres et étais redescendu à environ deux mille mètres. La crête filait sur encore quinze kilomètres avant de s'enfoncer dans le désert. Je m'étais abreuvé à deux reprises à des sources, et la deuxième fois j'avais tué une grouse d'un jet de pierre bien ajusté. Je l'avais vidée rapidement et suspendue à mon sac pour le dîner. Je n'avais ni vu ni ressenti d'autre présence, et j'avais bien pris soin de scruter la crête à la lunette à chaque pause. Cinq kilomètres après la deuxième source, la crête formait une indentation en forme de virgule s'étendant sur environ une acre. Dans un coin se trouvait un bosquet de pins ponderosa ; je décidai d'y établir mon campement et de faire cuire ma grouse. Je fis du feu et, en attendant les braises, je me confectionnai un grill avec une branche fourchue et une petite bobine de fil de fer que j'avais dans mon sac. Après plusieurs jours à manger du gruau et des fruits secs, je n'eus pas besoin de déployer de grands talents culinaires pour faire de mon volatile un festin. Dans la lueur déclinante du crépuscule et la lumière chatoyante de mon feu, je m'assis confortablement le dos contre mon sac et savourai la chair de ma grouse. Le sommet de la Lune était caché par le haut de la crête, et je ne reverrais pas ce pic d'ici un autre jour de marche. Cette nuit, je dormirais d'un sommeil sans rêves, comme si l'on m'eût accordé un répit pour avoir quitté les hauteurs.

J'étais de nouveau en marche avant le lever du soleil, avec encore quinze kilomètres de crête à parcourir avant d'entrer dans le désert. Mais, d'abord, j'avais prévu de m'arrêter à la vieille mine. Pendant ma première année de marche sur la Lune, mes pas m'avaient mené dans les parages ; j'avais découvert un tunnel de mine désaffecté dans un canyon latéral. Cette mine est vieille d'au moins un siècle, et les tas de résidus s'étaient tellement fondus avec la roche de surface et avaient été envahis par une telle végétation que ce fut vraiment par accident que j'en avais découvert l'entrée, cachée dans un repli de la façade du canyon. Je ne pense pas que personne d'autre y fût entré depuis de très, très nombreuses années. Ce n'était pas une grande mine. Un tunnel y avait été foré pour suivre une veine sur une trentaine de mètres ; au bout, on avait creusé un chantier en gradins d'où partaient trois boyaux poussés comme des tentacules en quête d'un filon qui n'avait sans doute jamais été trouvé ou s'était avéré extrêmement décevant. L'Ouest regorge de ce genre de vestiges. J'aimais cet endroit parce qu'il était difficile à trouver et que c'était un abri sûr. Une poignée de chauves-souris, quelques araignées inoffensives et une famille de vénérables scolopendres y avaient élu domicile.

J'ai un souvenir assez net de la fois où, alors que nous étions en train de dresser une clôture, une scolopendre avait détalé de sous une pierre qu'Oncle Angus venait d'écarter d'un coup de pied et avait filé sur sa chaussure, sa cheville, puis était remontée en un éclair jusqu'à son genou. S'en était suivi, très classiquement, et simultanément, un bond, un hurlement et un débarrassage express de pantalon. La créature avait laissé une série de doubles morsures le long de sa jambe et Oncle Angus avait proféré cinq minutes de jurons ininterrompus. Repenser à Oncle Angus me fit monter un sourire aux lèvres, qui ne me quitta pas au long du dernier kilomètre qui me séparait de la mine. C'était un homme bon, quoique insuffisamment méfiant à l'égard des scolopendres.

La Lune était naturellement propice à ce genre de pensées bénignes : la succulence de la chair de grouse, le grand cri d'Oncle Angus. C'était un lieu où la mémoire pouvait se détendre ou se laisser bercer au point d'atteindre des choses plaisantes ; un lieu où le trop-plein d'horreur brute de la vie pouvait être voilé par la brillance même du jour. C'est dans ce genre de séquence mentale que j'effectuai toute ma descente, jusqu'à la vieille mine. Je ne me souciai pas de la Sorcière, ni de son stupide chat, ni des misérables illusions dans lesquelles j'avais cherché du réconfort pendant toutes ces années. Chaque pas était en soi une histoire instantanée et autonome, de même que chaque regard sur le côté ou chaque respiration. J'évoluais dans un présent absolu, l'immédiateté d'un pied qui frappe le sol. Le Groupe d'Étude était à une demi-terre de moi ; il avait disparu.

Je m'imprégnais de l'air de la Lune, de ses distances, des ombres obscures de ses canyons, des faucons traçant des orbes dans le ciel, des pierres et de l'herbe et des taillis, des arbres de la Lune, aussi rares et invisibles que ses mouflons, ainsi que de la plus précieuse de ses offrandes : la solitude. J'ouvrais l'œil sur ma droite et vis bientôt le canyon secondaire par lequel je devais descendre – sinueux et encombré sur l'essentiel du parcours de gros éboulis malcommodes pour la marche. Il abritait deux minuscules sources ; non loin de l'une, je vis trois biches. Si j'avais prévu de rester plus longtemps, j'aurais mis mon fusil en joue. Mais le .270 ne quitta pas mon flanc et je me contentai de les regarder gravir agilement et rapidement une pente escarpée. Je les regardai en silence, admirant la simplicité fondamentale de leurs cerveaux. C'étaient des machines très semblables à celle qui me bourdonnait aux oreilles, mais réglées sur une timidité euclidienne, sur un monde fait de formes cohérentes ou de régularité ; des machines tellement privées d'ambivalence qu'elles en étaient totalement inaccessibles à la conscience humaine qui, elle, ne cessait de s'y noyer.

J'étais en train de me lancer dans un sermon sur le sujet lorsque l'entrée du tunnel apparut sur ma gauche. J'escaladai la pente d'éboulis sur une trentaine de mètres en observant le sol avec une attention toute particulière. J'aime savoir si je vais être le visiteur de quelqu'un. Je ne vis aucune trace, et les taillis qui masquaient partiellement l'entrée étaient aussi denses et crochus – acacias et chênes nains – qu'ils l'avaient toujours été. Je m'y faufilai du mieux que je pus, en décrochant à chaque pas les griffes des acacias de mon pantalon. Il n'y avait pas de vent, et pas un bruit dans le canyon en dehors de celui de mes pas et du frottement des buissons contre le tissu. Le soleil du matin commençait à réchauffer l'air et une odeur de poussière sèche m'anima les narines à l'entrée de la mine. Ce subtil changement de fragrance entre l'air de l'extérieur et quelque chose de plus clair, de plus tranchant, s'affirmait à mesure que je m'enfonçais sous la terre. À l'intérieur, l'air était plus frais et porteur de la légère astringence du guano. Ce n'était qu'un soupçon, mais je n'en désirais pas plus, car les chauves-souris sont notoirement porteuses de la rage, et ce virus peut se transmettre par les voies aériennes dans les lieux où ces mammifères vivent en grand nombre. L'histoplasma, champignon qui se repaît de nos poumons, est un autre des organismes choyés par les chauves-souris que j'avais peu envie de partager avec elles. L'air était également marqué d'une infime odeur de fumée qui me fit hésiter une seconde. La fumée n'avait rien à faire ici. Je n'avais jamais aimé l'odeur de fumée : je pris mon fusil en main. Je m'arrêtai pour laisser mes oreilles étudier l'obscurité du fond, et mes yeux le sol autour de moi. Aménagée dans une petite alcôve sur la droite, ma cache était intacte. Aucune empreinte de pas dans la poussière fine et molle de l'entrée. Si quelque chose avait fait de la fumée, cette chose était encore à l'intérieur et n'était pas passée par là depuis des jours. Ou alors, c'était ma satanée Sorcière qui avait encore joué avec les molécules. Tandis que mes yeux s'accommodaient petit à petit à la pénombre, je m'avançai lentement dans le tunnel. À l'extrême frange de mon champ de vision, peut-être à trente mètres sous la montagne, avec la tache blanche aveuglante de l'entrée dans mon dos et le noir impénétrable du tunnel devant moi, je perçus un petit cercle de pierres sur le sol. Une douzaine de pierres, disposées en rond, à quelques dizaines de centimètres d'écart les unes des autres, autour des ossements blanc ivoire d'un chat. Le squelette gisait dans son agencement anatomique parfait, comme un spécimen de musée. Je m'approchai et examinai la poussière en quête de traces. Il n'y en avait pas. Quelques brindilles carbonisées étaient empilées à six heures à l'extérieur du cercle, comme si l'on eût allumé et immédiatement éteint un minuscule feu. Les os de chat luisaient dans la pénombre, comme irradiant de leur propre brillance. Quel qu'en eût été le sens dans le fatras symbolique de la Sorcière, il était clair que ce monument funéraire ne pouvait être l'œuvre d'aucun mortel. M'agenouillant à côté du cercle, je constatai que les ossements étaient vierges de toute poussière. Ils étaient aussi propres que si quelqu'un venait de les lécher. Je saisis le crâne et la mâchoire inférieure, et laissai quelques instants mon regard s'abîmer dans les deux trous des yeux. C'était un crâne de chat, rien de plus. Mais comme à l'évidence il avait été placé là à mon intention, je l'acceptai et l'enveloppai soigneusement dans mon mouchoir. Le temps viendrait peut-être où ce crâne vaudrait la peine que je me donnerais pour le porter. Je ramassai aussi une des brindilles carbonisées. C'était du pin du Colorado, avec son odeur caractéristique. Elle était froide mais encore aromatique et ne devait pas être là depuis plus d'un jour ou deux. La Sorcière, me dis-je en me relevant et en me tournant vers l'entrée, s'était enfin décidée à me laisser des signes d'une étoffe un peu moins évanescente que celle des rêves. J'étais assez surpris de mon propre calme.

Je retournai à ma cache. À environ dix mètres de l'entrée, dans une alcôve ayant jadis servi au rangement des outils, courait une étagère fixée aux étais sur laquelle étaient alignées des boîtes en fer-blanc d'un gallon. Il y avait aussi, suspendus à un clou, un petit sac à dos de marathonien et une gourde que j'avais laissés là des mois auparavant. Je faisais souvent étape dans cette cache lors de mes voyages sur la Lune. Elle se trouvait à soixante-cinq kilomètres de Sterns : une bonne journée de course. J'y gardais des affaires et courais les soixante-cinq kilomètres dans un sens ou dans l'autre, selon mon envie et le lieu où se trouvait mon ravitaillement. Je stockais dans cette cache cinquante ou soixante livres de nourriture énergétique – protéines de soja, purée en flocons, sucre en poudre, lait en poudre, riz, flocons d'avoine, dattes, raisins et abricots secs – à l'abri des souris, des chats et autres créatures dans les grandes boîtes en fer-blanc. J'estimais mon stock à une centaine de milliers de calories, ce qui était suffisant pour vivre un mois en me gavant, trois en me rationnant.

Sur l'étagère, à côté des boîtes, se trouvaient trois bouteilles de Rémy Martin et une caisse de vingt-quatre conserves de poires au sirop. C'était pour mes moments de trop grand désespoir, ou lorsque le goût du gruau devenait source d'angoisse existentielle. Une larme de cognac et quelques tranches de poire peuvent vous adoucir la conscience d'un moine augustin méditant sur des péchés imaginaires, ou calmer un satyre en manque de femme. Je pris la flasque que j'avais dans mon sac, en bus la dernière goutte, et la remplis avec une des bouteilles. Je mangerais une boîte de poires avant de partir. Je jetai un coup d'œil à ma caisse : il en restait dix-huit.

Il ne me fallut pas longtemps pour ôter mes vêtements et mes chaussures de marche et enfiler les Adidas de coureur de fond rangées dans mon petit sac. J'aime courir nu.

Sauf pour les pieds. Je roulai ma chemise et la fourrai dans mon grand sac à dos, déchargeai le .270 et le couvris avec mon pantalon, comme un cache-poussière de fortune. Je mis le crâne du chat Palug dans le sac léger, avec ses billets, ses pièces d'or, mon pistolet, une bouteille d'eau en plastique, ma flasque de cognac en argent et environ une livre de sucre. Je brûle à peu près quatre mille calories pendant les six ou sept heures que dure cette course et j'ai remarqué que je me sentais mieux si je pouvais ingérer l'équivalent de la moitié de cette déperdition pendant l'effort. J'ai de la chance. Tous les coureurs ne tolèrent pas le sucre aussi bien que moi. J'ai un litre d'eau plate dans ma gourde et un litre d'eau sucrée dans ma bouteille ; je m'arrête toutes les heures pour boire quelques gorgées d'eau sucrée. À environ un kilomètre et demi de la mine, il y avait une source où je remplirais gourde et bouteille, puis deux abreuvoirs à bestiaux sur le chemin, à vingt kilomètres de distance l'un de l'autre. Le seul passage difficile était la sortie de la mine – la traversée du buisson d'acacias en tenue d'Adam. Après, le terrain était clair. Mais avant de partir, je mangeai mes poires.

À l'aval de la source où je fis le plein d'eau, le lit du ruisseau s'élargissait en un large boulevard où il était possible de courir à une allure décente. Je pris le rythme de six minutes par kilomètre et m'y installai tranquillement. Outre l'accès de fatigue physique contrôlée, le grand plaisir de la course, pour moi, réside dans l'état de flottement de la conscience qu'il suscite, et qui me permet de me concentrer en même temps sur tout et sur rien. J'ai lu que c'était lié à la production de dopamine et autres drogues exotiques par le cerveau. C'est sans doute vrai. Quoi qu'il en soit, c'est un paisible état de repos psychique et, même à la fin d'une longue course, lorsque mon corps est épuisé et qu'il souffre, mon esprit est aussi quiet que celui d'un nourrisson.

Les kilomètres roulaient sous mes pieds avec une dignité impériale ; je portais le tube de ma gourde à la bouche à peu près toutes les vingt minutes et aspirais une grande gorgée d'eau. Toutes les heures, je m'arrêtais pour boire cinquante millilitres d'eau sucrée. Au bout de la deuxième heure, j'approchais du premier réservoir avec son éolienne. Quelques bœufs Hereford à tête blanche se tenaient placidement à côté de l'abreuvoir en se demandant qui ils étaient, et où. (Les bovins sont des faibles d'esprit.) Le soleil brûlait agréablement et depuis ces derniers jours je n'avais jamais été aussi près d'oublier totalement la Sorcière et son satané chat. Je jouais avec l'idée d'aller à Las Vegas, où j'échangerais les pièces d'or du félin contre du liquide, avant de m'abandonner pour quelques heures à la sensuelle luxure du lieu. Je savais qu'avec un krugerrand je pourrais me payer les services d'une putain somptueuse pendant une nuit entière. Cela faisait longtemps que je ne m'étais pas laissé aller de la sorte. Je gâchai les quelques kilomètres suivants en fantasmes puérils pas pires que la plupart des distractions. La journée était fraîche, la brise portait encore de légers effluves des pluies de la veille et le désert était doux comme une peau de bébé. L'énervement et la colère que j'avais ressentis au sommet de la Lune avaient maintenant disparu : j'étais prêt à faire la paix avec la Sorcière si elle le voulait bien. Je n'hésiterais pas à tuer encore son chat, bien sûr. Mais ça, elle le savait.

Au deuxième réservoir, à seulement vingt kilomètres du luxe de mon container, à Sterns, j'enlevai mes chaussures et mon petit sac à dos et m'immergeai dans l'abreuvoir. Les mêmes Hereford à cervelle de gadoue tournèrent la tête vers moi d'un air un peu surpris ; leurs vies bovines ne méritaient pas mieux que les hamburgers auxquels elles étaient destinées. L'eau était chaude et soyeuse, et ce bain me rafraîchit immensément. Allongé sur le dos, dans l'eau, j'étirais mes orteils et grattais le sel de mon cuir chevelu en contemplant le ciel du Nevada. Deux vautours volaient en rond au-dessus du point d'eau où tout était silencieux à l'exception du grincement de l'éolienne et de mes propres ablutions discrètes. J'avais souvent vu avec des yeux de vautour, lorsque j'observais une créature dont je savais qu'elle allait bientôt mourir. Ils ne me faisaient pas frissonner, moi qui les appelais frères et dont la main faisait mourir ce qui allait être leur nourriture. J'aime ces choses attentives à la mort et j'aurais sans aucun regret abattu pour eux une de ces stupides vaches, si elles m'avaient appartenu. Mais c'étaient les vaches du vieil Higgins, un voisin de Mary-Gail Henry, qui avait toujours été aimable à mon égard. La paix soit avec vous, les vaches, dis-je en laçant mes chaussures. La paix, ajoutai-je, et pas plus d'intelligence qu'il ne vous en faut. Puissiez-vous être tendres et goûteuses et rendre le vieil Higgins bien riche.

La terre entre le réservoir du vieil Higgins et Sterns montait en une pente douce mais suffisante pour transformer la fin de la course en défi. Sterns se trouvait sur le versant ouest d'une petite chaîne de montagnes orientée nord-sud, comme souvent au Nevada. Entre elle et la chaîne la plus proche – un archipel méridional de la Lune – s'étendait un bassin d'environ soixante kilomètres de large. La Lune s'étirait sur ses côtés nord et ouest, et je le traversais selon sa diagonale sud-est. La station-service de Mary-Gail Henry était un des quatre bâtiments qui, ensemble, formaient l'agglomération de Sterns, et lui appartenaient tous. La station-service, un bâtiment séparé avec toilettes pour les clients, sa maison à côté, et sa grange cinquante mètres plus loin. Il y avait aussi une demi-douzaine de peupliers qui avaient survécu à toutes les années écoulées depuis que le premier époux de Mary-Gail Henry les avait plantés, un peu après la Grande Guerre. Elle avait dans les soixante-dix ans, était mère d'une fille quadragénaire et grand-mère d'une petite-fille d'une vingtaine d'années, qui était le seul autre membre de la famille que j'eusse rencontré. La fille vivait à Las Vegas, mais la petite-fille rendait régulièrement visite à sa grand-mère. À sept ou huit kilomètres de distance, je voyais un amas de formes correspondant aux arbres et aux bâtiments. À cinq kilomètres, ma vision était un peu plus nette, et je vis une petite colonne de fumée qui montait derrière la station-service, comme si Gail eût été en train de brûler des ordures. Mais la colonne ne partait pas de son incinérateur, elle partait de l'endroit approximatif où se trouvait mon container. La pensée qui me vint ne me plut pas du tout.

Je ralentis un peu, car je ne voulais pas arriver en pleine situation d'urgence en étant hors d'haleine. Plus je me rapprochais de Sterns, plus j'étais certain que mon container avait été incendié. Le feu ne me semblait pas faire partie de l'arsenal habituel de la Sorcière, et je commençais à penser à la centaine d'autres âmes qui pouvaient souhaiter me voir mourir dans d'atroces souffrances. Ennemis, amis d'ennemis, ennemis d'amis… amis, parfois, chasseurs de trésors désintéressés, et toutes sortes de représentants de toutes sortes de lois. J'étais coupable de crimes capitaux dans vingt-trois pays et je n'avais donc qu'à faire mon choix parmi les châtiments légaux : le garrot, la guillotine, le gaz, l'électricité, la corde, le peloton, l'injection létale, ou la roue et la barre à mine, comme dans l'Ouganda d'Idi Amin Dada.

À trois kilomètres, j'obliquai légèrement de manière à parcourir le dernier kilomètre sous le couvert de l'arroyo. Je m'arrêtai pour sortir le SIG de mon sac et vérifier son chargeur. Je le vérifie toujours, même lorsque je suis sûr qu'il est plein. Ce n'était pas la première fois que je montais au feu à poil, mais ce jour-là, ce n'était pas moi qui l'avais voulu. Il était environ quatre heures de l'après-midi. Le bas de la berge de l'arroyo était suffisamment à l'ombre pour me rasséréner un peu. À un kilomètre, je passai à la marche et trouvai une petite entaille dans la berge à travers laquelle je pourrais voir sans être vu. Je me fis un peu d'eau sucrée et la bus lentement tout en me reposant. Je bus également une ou deux lichettes de cognac et m'accordai quinze minutes de tranquillité. Mon pouls était redescendu à peu près à 65, en route vers mes habituels 56 au repos, et l'excitation de la course s'était évanouie. Lorsque je me relevai, j'enfilai mon sac et ma gourde sur une seule épaule, afin de pouvoir m'en débarrasser plus rapidement, puis je m'efforçai d'oublier que j'avais passé les six dernières heures à courir soixante kilomètres dans le désert et que j'avais parfaitement le droit d'être fourbu. D'où j'étais, j'avais une vue dégagée sur mon petit chez-moi, et la berge de l'arroyo me cachait bien. Il était maintenant évident que c'était mon container qui brûlait là-bas. Je ne pouvais qu'espérer que mes incendiaires avaient volé mes fusils, et tout particulièrement mon vieux 1911. Celui-là, je ne voulais pas le perdre dans un incendie. Volés, je pourrais les retrouver ; brûlés, fondus, je me trouverais lésé de quelques bons souvenirs et d'une poignée d'engins fidèles.

Le pick-up de Gail Henry était garé à côté de l'atelier. Il y avait aussi une Toyota rouge que j'avais déjà vue. C'était la voiture de sa petite-fille. Et il y avait un camion Ford LT bleu sombre garé devant les pompes. À l'éclat métallique jaune de sa plaque, je sus qu'il venait de Californie. Je choisis un angle mort pour faire mon approche et franchis rapidement les trois cents derniers mètres masqué par le bâtiment des toilettes. Je m'aplatis contre le mur et tendis l'oreille – d'abord pour savoir s'il y avait quelqu'un à l'intérieur, puis à l'écoute de n'importe quel autre bruit. Tout était calme. C'est alors que j'entendis la porte coulissante de la station s'ouvrir en grinçant et se refermer en claquant, puis un bruit de pas dans les graviers. Alors que les pas se rapprochaient des toilettes, j'entendis un hurlement en provenance de la station-service. Cela ressemblait à la voix de la petite-fille de Gail Henry.

Le bruit de pas ne cessa pas et j'entendis la porte des toilettes s'ouvrir et se refermer. Léger crissement d'une fermeture éclair, long soupir et vaillant jet de pisse dans la cuvette. La femme hurla de nouveau ; j'examinai mes options. Le tas de petit bois de chauffage était à quelques mètres de moi, et je vis un bout de fil électrique qui traînait par terre. D'un pas, je saisis le fil, pris deux petits morceaux de bois et enroulai rapidement les bouts du fil autour de ces poignées improvisées. Ce n'était pas la corde à piano que j'utilisais habituellement, mais cela ferait l'affaire. Je me plaçai derrière la porte ; lorsqu'elle s'ouvrit, je passai mon fil autour de la gorge de l'homme, tirai, pivotai sur cent quatre-vingts degrés, le fil s'enroula sur lui-même, puis je me penchai puissamment en avant en prenant le poids de l'homme sur mes hanches pour le soulever. Cette méthode est parfaitement silencieuse, aucun cri n'est possible, mais elle ne tue pas par strangulation : le fil s'enfonce profondément dans le cou et coupe la carotide en même temps que la trachée artère, ce qui projette un spectaculaire geyser de sang dans les airs. Nous étions tous deux trempés, et lui mort. Je le laissai choir sur le sol, essuyai son sang de mon visage et jetai un coup d'œil à la porte de derrière de la station-service. Il n'y avait personne, mais j'entendis un nouveau cri. L'homme portait à la ceinture un Tokarev 9 mm : j'avais probablement affaire, une fois de plus, à un des gars de Mokryye Dela, le "service des liquidations" – les assassins du KGB. Des collègues, en quelque sorte.

Je passai le SIG dans ma main gauche et pris le Tokarev dans la droite après m'être assuré qu'il y avait bien une balle engagée dans la chambre. Il n'y avait sans doute pas plus de trois hommes dans la station-service. L'un était en train de s'amuser avec la femme et les deux autres devaient le regarder faire. Je considérai une seconde mon corps éclaboussé de sang et décidai que la bonne tactique était l'assaut, brusque, rapide. Je sprintai jusqu'à la porte de la station, l'ouvris suffisamment – aussi bien en termes d'espace qu'en termes de temps – pour voir Gail Henry allongée par terre, visiblement morte, deux hommes au comptoir, une bière à la main, regardant un troisième baiser et tabasser une femme sur le sol. Je clouai chaque buveur de bière d'une double dose de 9 mm, et alors que le troisième homme se dégageait du corps de la fille en roulant sur le côté, je lui tirai trois balles de Tokarev dans le bas-ventre. L'une d'elles sembla le toucher au pénis ; il se recroquevilla et se roula par terre en hurlant. La femme me regarda et hurla de nouveau.

— Silence, criai-je, et tous les deux se turent un instant. Tout va bien, mademoiselle. C'est fini. Vous n'avez plus rien à craindre.

J'essayais d'avoir l'air réconfortant et crédible, mais elle était terrorisée et en état de choc.

— Toi, Tovaritch, dis-je, avant de poursuivre en m'exprimant lentement en russe, tu gardes bien tes mains sur tes couilles.

Il roula des yeux, lâcha un long grognement en tenant ses paumes serrées sur son aine sanguinolente. Il savait qu'il était un homme mort.

— Pourquoi avez-vous incendié mon container ? demandai-je. Qu'espériez-vous y trouver ?

Il avait le regard dur comme de la pierre, mais perdu, et je savais que dans sa tête il se rappelait une femme, une maîtresse, un enfant, une datcha, une moto, ou peut-être la vache de son kolkhoze qui lui avait donné un coup de sabot quand il avait huit ans, déterminant ainsi tout son avenir. Je l'abattis de deux balles entre les yeux.

Les autres étaient morts, comme ils le devaient, mais je ramassai tout de même leurs armes. Puis je me tournai vers la femme.

— Je suis William Gasper, lui dis-je. J'habite ici, parfois. Gail Henry était mon amie.

Elle hocha la tête d'un air absent.

— Nous sommes tous les deux pleins de sang, fis-je en ouvrant grand mes bras. Allez à la salle de bain. Moi, je prends l'évier du bar.

Elle opina et commença à se relever. Je ne l'aidai pas et gardai au contraire mes distances. Je me dis qu'elle n'avait sans doute pas envie qu'un autre inconnu la touchât juste maintenant, même pour l'aider. Jambes flageolantes, elle se dirigea vers la salle de bain de la partie privée, au fond de la salle. Je m'approchai du cadavre de Gail Henry et vis qu'elle n'avait pas été tuée gentiment. J'aurais peut-être dû laisser mon homme se tortiller les mains sur les couilles un peu plus longtemps. J'entendis le bruit de la douche et allai me laver à l'évier.

J'avais ma chemise propre dans mon petit sac à dos, mais tous mes pantalons de rechange avaient brûlé dans mon container, alors j'avisai l'homme qui me parut le plus proche de moi en taille et lui ôtai le sien en espérant que la mort n'avait pas encore totalement relâché ses sphincters. Son pantalon était un peu taché de sang, mais il n'était pas plein de merde.

— Les petits cadeaux, murmurai-je, sont le sourire de la vie.

Puis je m'ouvris une bière et m'assis. La femme revint, cheveux mouillés, brossés, vêtue d'une chemise, d'un Levi's et d'une paire de chaussures de sport. J'avais enroulé le corps de Gail Henry dans une couverture et l'avais étendu sur le bar. Puis j'avais traîné les cadavres des hommes par la porte de derrière et les avais empilés au pied du tas de bois. Mais j'étais trop fatigué pour passer la serpillière.

La femme avait le visage tuméfié et ses mains tremblaient lorsque je lui tendis un verre de whisky.

— Ils envoient toujours deux équipes. Je crois que nous ferions mieux de ne pas rester là à attendre la police ou qui que ce soit. La deuxième équipe vérifie le boulot de la première. C'est un gage de qualité et ça décourage les défections.

Elle eut l'air de comprendre.

— Allez vous prendre des vêtements, un duvet ou une couette, quelque chose comme ça, et de quoi manger. Je vais jeter un coup d'œil à leur voiture.

Je sortis, pris un jerrycan d'un gallon et le remplis à la pompe. Je couvris les quatre hommes de petit bois, ajoutai quelques bonnes bûches et fis un joli feu avec l'essence. Ça ne les ferait pas disparaître, mais ça ralentirait leur identification, pour autant que des types du KGB pussent être identifiés dans la région. La voiture avait été louée à Las Vegas ; son coffre abritait une valise contenant quatre Uzi et vingt chargeurs pleins. Je pris deux Uzi et dix chargeurs et les posai à l'avant, à côté de moi. J'avais mis leurs Makarov et leurs Tokarev, leurs portefeuilles, leurs chargeurs de rechange, leurs clés et leur petite monnaie dans un grand sac en papier. Je retournai dans la station et pris une caisse de bière, puis je remplis un autre sac de charcuterie et de pain. Gail Henry buvait de l'eau en bouteille plutôt que celle, très alcaline, de son puits. J'en chargeai dix gallons dans le coffre. Je n'avais aucune affaire personnelle à emporter, à l'exception de mon petit sac à dos et du butin de la Lune.

La femme sortit, les bras chargés d'une couette et d'un oreiller.

— Montez à l'arrière. Vous devriez essayer de dormir, dis-je, avant de lui demander : Vous êtes blessée, à l'intérieur ? Vous saignez ? Vous avez des médicaments ?

Elle ne hocha pas la tête. Je l'aidai à s'installer sur la banquette arrière.

— Allongez-vous, je reviens tout de suite.

Je retournai à l'intérieur et pris la boîte-présentoir d'analgésiques et de remèdes contre la gueule de bois qui se trouvait derrière le bar. Nous pourrions tous deux en avoir besoin plus tard. Le tas de bois brûlait encore lorsque je mis cap vers le sud, sur la grand-route. Je savais parfaitement où j'allais.

7

Une route très secondaire file à l'ouest de la Pancake Range vers Warm Springs, à une bonne centaine de kilomètres de l'endroit où nous étions. Là, il me faudrait rouler un peu sur la Highway 25 avant de suivre mon itinéraire à travers un réseau – une véritable toile d'araignée – de routes et de pistes, certaines goudronnées, d'autres non, et aucune surveillée par la police. Il était peu probable que le KGB ou la Compagnie puissent découvrir cet itinéraire. Je m'enfoncerais dans la nuit, roulerais vers l'aube et verrais le soleil se lever sur le désert d'Escalante, aux marges de Cedar City. À Cedar City, plusieurs options s'offriraient à moi ; j'avais tout le trajet pour les examiner.

Le camion Ford roulait comme une péniche, mais tant que je pensais à ralentir dans les virages, je pouvais tenir une moyenne de cent quarante kilomètres heure dans les lignes droites. Dans le rétroviseur, je jetai un coup d'œil à la femme installée à l'arrière en m'attendant vaguement à voir Cerridwen à sa place, un sourire sardonique aux lèvres, mais non, ce n'était que la femme, endormie, la couette bien tirée sur ses épaules comme pour se protéger. Je m'étais moi-même fait violer, un jour, en prison, et je savais un peu de quoi ses rêves pouvaient être remplis. Les monts Pancake se dressaient grands et sombres sur l'horizon oriental, et la lune montante commençait à éclaircir le ciel. Cerridwen était sûrement en train de la chevaucher, songeai-je, le temps de coudre une nouvelle peau pour son chat Palug. Je décidai que j'avais le droit d'être cruellement affecté – par une chose démoniaque sortie de tout-le-reste et par des agents de l'ombre très terrestre. Les équipes du KGB n'opèrent pas à l'insu de la Compagnie. Il me semble parfois qu'ils sont liés par un pacte tacite. Pour ce qui me concernait, je n'avais aucune difficulté à imaginer quelque collaboration visant à débarrasser le monde de William Gasper et à lui épargner toute gêne qu'il serait susceptible de causer dans un avenir mythique. Mes gages ne m'étaient pas versés sous la forme d'un bulletin de paie gouvernemental qui arrive tous les mois par la poste ; ils étaient honorés par des banques basées en Suisse, à Hong Kong, Berlin, Londres, Singapour et Sydney. J'avais des coffres-forts de banque au Portugal, en Israël, en Afrique du Sud, ainsi qu'à Stockholm, pleins d'or (et non pas de billets). Ils ne pouvaient pas toucher à mes revenus et ils le savaient. Ça leur était égal. Ils pouvaient – et, visiblement, ils venaient de le faire – ordonner ma mort. Pourquoi ? S'il y avait un Dieu, même Lui ne le saurait pas.

Je n'avais vu aucun phare ni aucune autre voiture depuis que nous avions quitté la station-service de Gail Henry. Mais je savais que mes adversaires pouvaient avoir posé un émetteur dans le Ford et suivre ma progression par satellite. C'est facile à installer et je n'avais pas eu le temps d'inspecter le camion en détail. Mais cela ne m'inquiétait pas outre mesure. À Warm Springs, j'enverrais ce véhicule poursuivre sa route jusqu'à Las Vegas et prendrais mon vieux pick-up qui m'attendait là-bas dans le garage d'Elmer. Le fiston d'Elmer serait ravi de se faire trois cents dollars rien qu'en allant à Vegas, surtout un vendredi soir.

Nous y fûmes en moins d'une heure et demie. Je me garai à côté de mon vieux camion et aidai la femme encore abrutie de sommeil à monter sur la couchette que j'avais à l'arrière. Je donnai ses trois cents dollars au fils d'Elmer, lui renvoyai son grand sourire plein de dents et lui dis de garer le Ford sur un parking de casino et de ne plus jamais y retourner. Je fais toujours le plein lorsque je range mon vieux Power Wagon ; il ne nous fallut pas plus de dix minutes pour nous mettre en route. Je passai les quelques heures suivantes à rouler globalement vers l'est en empruntant tout un dédale de pistes de ranch et autres petites routes de comté, jusqu'à franchir la frontière de l'Utah, vers la paisible ville de Cedar City. Pour qui sait s'y fondre, l'Utah offre de merveilleuses possibilités de planque. J'avais passé de longs mois dans des villes de cet État, à participer à des veillées religieuses et à accumuler du crédit en tant qu'honorable Frère William Gasper – ou tout autre nom que j'utilisais alors – Saint de Déséret, de retour à Sion après des années passées à développer ses affaires à l'étranger. Je connaissais des évêques d'une bonne douzaine d'obédiences et pouvais fournir des références moins fantaisistes que vous ne pourriez le croire. Je connaissais un endroit à Cedar City où la femme serait en sécurité aussi longtemps qu'elle le souhaiterait.

Pour nous y rendre, il fallait rouler vers l'est, mais pas en ligne droite. Je passai par Adaven, Ursine, Beryl et Iron Springs ; la femme dormait. Pendant quelque temps, j'eus la lune dans les yeux, mais elle grimpa progressivement dans le ciel, puis disparut de ma vue. Vous vous demandez peut-être ce que cette femme qui parle à peine plus qu'un élément de décor vient faire dans l'histoire. Devrions-nous tomber amoureux ? Nous disputer sans cesse ? Devrais-je la raccompagner à sa porte ? Ah, quels scénarios factices nos divertissements nous suggèrent ! Pour les avoir moi-même si souvent causées, je sais ce que sont la souffrance et la douleur de la perte. Il n'y a rien de liant ni d'érotique dans la tristesse partagée, la panique, le terrifiant feu de l'action. J'ai su son nom, jadis ; nous avons été présentés. Mais je l'ai oublié. Je me rappelle seulement qu'elle est la petite-fille de Gail Henry. Lorsque je la laisserai à Cedar City, je ne le lui demanderai pas. Si ceci est une histoire, ce n'est pas une romance, sauf à considérer romantique l'attention émue que Cerridwen me porte. C'est, pour autant que son narrateur le sache, le récit authentique d'une longue folie lucide, une confession oblique, une apologie *pro vita sua*, un conte imaginaire tissé dans la froidure de l'hiver ou avec les fils de la nuit.

D'ici, sous le porche du Ranch de la River Sorrow, où je tape ces mots sur une vieille Royal 440, je vois derrière les peupliers les falaises jaune-brun veinées de rouge qui bordent le cours d'eau, et je ne peux vous dire où cette femme se trouve, ni qui a enterré Gail Henry, ni par qui William Gasper sera bientôt traqué. Je me souviens d'Archimedes Pati, l'Américain qui livra le Vietnam à l'Oncle Ho en 1945, dans le cadre d'une longue coopération avec l'Autre, sous la gouverne de Washington et Moscou. J'ai passé toute la nuit à boire avec ceux qui savaient que les empereurs n'ont jamais d'habits neufs, et qui stipendient les tailleurs. Les vraies affaires du monde sont les ombres – les ombres. Ernst Jünger a écrit que les soldats sont "des travailleurs dans l'espace de la mort", *Arbeiter im tödlichen Raum*, et selon cette acception je fus longtemps soldat. Un crâne de chat veille sur mon bureau à côté de la Royal et de mon pistolet favori. Tous deux sont pour Cerridwen. Des illusions pour combattre une illusion. Au bord de la rivière il y a un rocher sur lequel je m'assieds pour attendre la lune, et j'ai eu là quelques pensées fameuses, fameuses et évanescentes. J'en suis aujourd'hui à cent quarante, et ne suis pas lassé, toujours pas lassé. Même si je joue encore dans les petites divisions du championnat de la mort. Je suis un élément négligeable : ma nature ne me pousse pas à devenir un soldat grandiose. Je discute de ma santé mentale avec la River Sorrow, mais elle ne me répond pas. Les peupliers me traitent comme si j'étais innocent et vierge. Les oiseaux chantent pour moi aussi librement qu'ils chantaient pour Job, le Christ, ou Napoléon. Je ne puis rien faire qui offense ou ravisse l'univers. Et je ne suis pas différent de vous.

Il ne neige pas souvent ici, et lorsqu'il neige, je ne m'attends pas à voir une nouvelle colonne s'élever dans les airs, cristaux de glace projetant leurs éclats de dagues, nuage hurlant au-delà des possibilités du simple vent. Je ne verrai pas plus cela que je ne verrai des soldats chinois débouler du canyon par cohortes. Le passé n'est réel que par la mémoire, et la mémoire est un petit courant électrique plus fragile qu'une soie d'araignée.

J'offre ces mémoires à leur curiosité, car je n'en connais pas d'autres – si particulières. Je possède peu de talents qui n'aient pas déjà été plus méticuleusement décrits ailleurs. De nombreux snipers plus formidables que moi ont détaillé leur art, et que pourrais-je dire sur la chasse qui n'ait été dit avec plus de grâce et plus de percussion par Ortega y Gasset ? Sur le camouflage, la marche, les longues marches silencieuses... C'est là presque toute l'histoire humaine. Mais j'ai été choisi par la Lune. C'est étrange, n'est-ce pas ? Même si c'est fou, c'est étrange. Cerridwen tisse une toile d'argent dans le ciel, aussi éclatante que celle d'une araignée repue de lumière, et elle descend le long de sa soie à chaque fois que la Lune brille. Elle glisse à travers les arbres, à travers le verre, en suivant partout le flot de la lumière soyeuse, et elle est indubitablement aussi réelle que la lumière, car j'ai senti son corps, je l'ai vue vêtue et nue, je l'ai même sentie, un instant, me couvrir comme un fourreau avant qu'elle se métamorphose en vent et disparaisse. Jeune ou vieux, son visage est une longue étude aux confins de la beauté – et au-delà –, et ses yeux sont en même temps terreur et promesse.

Je me suis efforcé de penser qu'elle était une facette de moi-même, quelque chose de non résolu, une énigme dont j'eusse hérité de naissance. Mais elle n'est pas plus moi que vous ne l'êtes. Et elle sortira des eaux de la Sorrow en un bond féroce et bouillonnant marqué par la piste de la Lune, et fera alors disparaître tout ce que je connais. La physique nous dit que nous sommes tous de la lumière d'étoile, des énergies cycliques qui se manifestent un temps sous cette forme, plus tard sous une autre. Nous sommes tous lumière, lumière dans notre chair pondéreuse, lumière dans notre sang qui pulse. Nos douleurs sont lumière, nos os, nos étrons étincelants, nos fièvres et nos rêves : tout cela est lumière.

172 John Gierach, *Une journée pourrie au paradis des truites*
171 James Crumley, *La Danse de l'ours*
170 John Haines, *Les Étoiles, la neige, le feu*
169 Jake Hinkson, *Au nom du Bien*
168 James McBride, *La Couleur de l'eau*
167 Larry Brown, *Affronter l'orage*
166 Louisa May Alcott, *Les Quatre Filles du docteur March*
165 Chris Offutt, *Nuits Appalaches*
164 Edgar Allan Poe, *Le Sphinx et autres histoires*
163 Keith McCafferty, *Les Morts de Bear Creek*
162 Jamey Bradbury, *Sauvage*
161 S. Craig Zahler, *Les Spectres de la terre brisée*
160 Margaret Mitchell, *Autant en emporte le vent*, vol. 2
159 Margaret Mitchell, *Autant en emporte le vent*, vol. 1
158 Peter Farris, *Dernier appel pour les vivants*
157 Julia Glass, *Une maison parmi les arbres*
156 Jim Lynch, *Le Chant de la frontière*
155 Edward Abbey, *Le Feu sur la montagne*
154 Pete Fromm, *Comment tout a commencé*
153 Charles Williams, *Calme plat*
152 Bob Shacochis, *Sur les eaux du volcan*
151 Benjamin Whitmer, *Évasion*
150 Glendon Swarthout, *11 h 14*
149 Kathleen Dean Moore, *Petit traité de philosophie naturelle*
148 David Vann, *Le Bleu au-delà*
147 Stephen Crane, *L'Insigne rouge du courage*
146 James Crumley, *Le Dernier Baiser*
145 James McBride, *Mets le feu et tire-toi*
144 Larry Brown, *L'Usine à lapins*
143 Gabriel Tallent, *My Absolute Darling*
142 James Fenimore Cooper, *La Prairie*
141 Alan Tennant, *En vol*
140 Larry McMurtry, *Lune comanche*
139 William Boyle, *Le Témoin solitaire*
138 Wallace Stegner, *Le Goût sucré des pommes sauvages*
137 James Carlos Blake, *Crépuscule sanglant*
136 Edgar Allan Poe, *Le Chat noir et autres histoires*

135 Keith McCafferty, *Meurtres sur la Madison*
134 Emily Ruskovich, *Idaho*
133 Matthew McBride, *Frank Sinatra dans un mixeur*
132 Boston Teran, *Satan dans le désert*
131 Ross Macdonald, *Le Cas Wycherly*
130 Jim Lynch, *Face au vent*
129 Pete Fromm, *Mon désir le plus ardent*
128 Bruce Holbert, *L'Heure de plomb*
127 Peter Farris, *Le Diable en personne*
126 Joe Flanagan, *Un moindre mal*
125 Julia Glass, *La Nuit des lucioles*
124 Trevanian, *Incident à Twenty-Mile*
123 Thomas Savage, *Le Pouvoir du chien*
122 Lance Weller, *Les Marches de l'Amérique*
121 David Vann, *L'Obscure Clarté de l'air*
120 Emily Fridlund, *Une histoire des loups*
119 Jake Hinkson, *Sans lendemain*
118 James Crumley, *Fausse piste*
117 John Gierach, *Sexe, mort et pêche à la mouche*
116 Charles Williams, *Hot Spot*
115 Benjamin Whitmer, *Cry Father*
114 Wallace Stegner, *Une journée d'automne*
113 William Boyle, *Tout est brisé*
112 James Fenimore Cooper, *Les Pionniers*
111 S. Craig Zahler, *Une assemblée de chacals*
110 Edward Abbey, *Désert solitaire*
109 Henry Bromell, *Little America*
108 Tom Robbins, *Une bien étrange attraction*
107 Christa Faust, *Money Shot*
106 Jean Hegland, *Dans la forêt*
105 Ross Macdonald, *L'Affaire Galton*
104 Chris Offutt, *Kentucky Straight*
103 Ellen Urbani, *Landfall*
102 Edgar Allan Poe, *La Chute de la maison Usher et autres histoires*
101 Pete Fromm, *Le Nom des étoiles*
100 David Vann, *Aquarium*
99 *Nous le peuple*

98 Jon Bassoff, *Corrosion*
97 Phil Klay, *Fin de mission*
96 Ned Crabb, *Meurtres à Willow Pond*
95 Larry Brown, *Sale boulot*
94 Katherine Dunn, *Amour monstre*
93 Jim Lynch, *Les Grandes Marées*
92 Alex Taylor, *Le Verger de marbre*
91 Edward Abbey, *Le Retour du gang*
90 S. Craig Zahler, *Exécutions à Victory*
89 Bob Shacochis, *La femme qui avait perdu son âme*
88 David Vann, *Goat Mountain*
87 Charles Williams, *Le Bikini de diamants*
86 Wallace Stegner, *En lieu sûr*
85 Jake Hinkson, *L'Enfer de Church Street*
84 James Fenimore Cooper, *Le Dernier des Mohicans*
83 Larry McMurtry, *La Marche du mort*
82 Aaron Gwyn, *La Quête de Wynne*
81 James McBride, *L'Oiseau du Bon Dieu*
80 Trevanian, *The Main*
79 Henry David Thoreau, *La Désobéissance civile*
78 Henry David Thoreau, *Walden*
77 James M. Cain, *Assurance sur la mort*
76 Tom Robbins, *Nature morte avec Pivert*
75 Todd Robinson, *Cassandra*
74 Pete Fromm, *Lucy in the Sky*
73 Glendon Swarthout, *Bénis soient les enfants et les bêtes*
72 Benjamin Whitmer, *Pike*
71 Larry Brown, *Fay*
70 John Gierach, *Traité du zen et de l'art de la pêche à la mouche*
69 Edward Abbey, *Le Gang de la clef à molette*
68 David Vann, *Impurs*
67 Bruce Holbert, *Animaux solitaires*
66 Kurt Vonnegut, *Nuit mère*
65 Trevanian, *Shibumi*
64 Chris Offutt, *Le Bon Frère*
63 Tobias Wolff, *Un voleur parmi nous*
62 Wallace Stegner, *La Montagne en sucre*

61 Kim Zupan, *Les Arpenteurs*
60 Samuel W. Gailey, *Deep Winter*
59 Bob Shacochis, *Au bonheur des îles*
58 William March, *Compagnie K*
57 Larry Brown, *Père et Fils*
56 Ross Macdonald, *Les Oiseaux de malheur*
55 Ayana Mathis, *Les Douze Tribus d'Hattie*
54 James McBride, *Miracle à Santa Anna*
53 Dorothy Johnson, *La Colline des potences*
52 James Dickey, *Délivrance*
51 Eve Babitz, *Jours tranquilles, brèves rencontres*
50 Tom Robbins, *Un parfum de jitterbug*
49 Tim O'Brien, *Au lac des Bois*
48 William Tapply, *Dark Tiger*
46 Mark Spragg, *Là où les rivières se séparent*
45 Ross Macdonald, *La Côte barbare*
44 David Vann, *Dernier jour sur terre*
43 Tobias Wolff, *Dans le jardin des martyrs nord-américains*
42 Ross Macdonald, *Trouver une victime*
41 Tom Robbins, *Comme la grenouille sur son nénuphar*
40 Howard Fast, *La Dernière Frontière*
39 Kurt Vonnegut, *Le Petit Déjeuner des champions*
38 Kurt Vonnegut, *Dieu vous bénisse, monsieur Rosewater*
37 Larry Brown, *Joe*
36 Craig Johnson, *Enfants de poussière*
35 William G. Tapply, *Casco Bay*
34 Lance Weller, *Wilderness*
33 Trevanian, *L'Expert*
32 Bruce Machart, *Le Sillage de l'oubli*
31 Ross Macdonald, *Le Sourire d'ivoire*
30 David Morrell, *Rambo*
29 Ross Macdonald, *À chacun sa mort*
28 Rick Bass, *Le Livre de Yaak*
27 Dorothy Johnson, *Contrée indienne*
26 Craig Johnson, *L'Indien blanc*
25 David Vann, *Désolations*
24 Tom Robbins, *B comme Bière*

23 Glendon Swarthout, *Le Tireur*
22 Mark Spragg, *Une vie inachevée*
21 Ron Carlson, *Le Signal*
20 William G. Tapply, *Dérive sanglante*
19 Ross Macdonald, *Noyade en eau douce*
18 Ross Macdonald, *Cible mouvante*
17 Doug Peacock, *Mes années grizzly*
15 Tom Robbins, *Féroces infirmes retour des pays chauds*
14 Larry McMurtry, *Texasville*
13 Larry McMurtry, *La Dernière Séance*
12 David Vann, *Sukkwan Island*
11 Tim O'Brien, *Les Choses qu'ils emportaient*
10 Howard McCord, *L'Homme qui marchait sur la Lune*
8 Larry McMurtry, *Lonesome Dove*, épisode II
7 Larry McMurtry, *Lonesome Dove*, épisode I
6 Rick Bass, *Les Derniers Grizzlys*
5 Jim Tenuto, *La Rivière de sang*
4 Tom Robbins, *Même les cow-girls ont du vague à l'âme*
3 Trevanian, *La Sanction*
2 Pete Fromm, *Indian Creek*
1 Larry Watson, *Montana 1948*

CET OUVRAGE A ÉTÉ COMPOSÉ PAR
ATLANT'COMMUNICATION
AU BERNARD (VENDÉE).

ACHEVÉ D'IMPRIMER EN JANVIER 2022 SUR LES PRESSES
DE NORMANDIE ROTO IMPRESSION S.A.S., 61250 LONRAI
POUR LE COMPTE DES ÉDITIONS GALLMEISTER
30, RUE DE FLEURUS, 75006 PARIS

IMPRIMÉ EN FRANCE

DÉPÔT LÉGAL : JUIN 2017
N° D'IMPRESSION : 2107031